KiWi

1746

Das Buch

Als Christine Cazon vor mehr als zehn Jahren ihre Sachen packte, um in Frankreich auf einem Bauernhof ein Praktikum zu machen, wollte sie eigentlich nur ein Jahr bleiben.
Doch dann kam alles anders. Sie verliebte sich, heiratete und betrieb mit ihrem Mann eine kleine Auberge in den französischen Seealpen. Aus ihrem Blog, den sie über ihr Leben schrieb, entstand dieses Buch.
Christine Cazon erzählt vom Dorfladen, der als Nachrichtenzentrale fungiert, vom Schlachtfest im Winter, das der Städterin einiges an Nervenstärke und Trinkfestigkeit abverlangt, vom Gemeinschaftsgefühl, aber auch von kulturellen Unterschieden.
Über was sprechen die Franzosen beim Essen, und wie schaffen sie es eigentlich, zu zweit in diesen engen Betten zu schlafen? Und warum ist man für die Franzosen gleich ein Exot, nur weil man mal allein sein möchte?
Mit einem feinen Gespür für alles Atmosphärische, mit einem offenen Blick für das Fremde und einer großen Portion Selbstironie geht Christine Cazon diesen Fragen nach und erzählt, wie sie in Frankreich eine neue Heimat gefunden hat.

Die Autorin

Christine Cazon, geboren als Christiane Dreher 1962 in Heidelberg, hat ihr altes Leben in Deutschland gegen ein neues in Südfrankreich getauscht. Sie lebt heute mit ihrem zweiten Mann und Katze Pepita in Cannes, dem Schauplatz ihrer Krimis mit Kommissar Léon Duval.

Alle Bücher von Christine Cazon sind lieferbar bei Kiepenheuer & Witsch.

Christine Cazon

Zwischen Boule und Bettenmachen

Mein Leben in einem südfranzösischen Dorf

Kiepenheuer
& Witsch

pour Patrick
qui est devenu mon ami,
mon amour et mon mari

Vorwort

Der vorliegende Band ist eine inhaltlich unveränderte Neuauflage des Buches »Zwischen Boule und Bettenmachen«, das erstmals 2009 und noch unter meinem »Mädchennamen« Christiane Dreher erschienen ist. Das Buch entstand aus dem Blog »French Connection«, den ich damals für die Onlineseite der Zeitschrift *Brigitte* geschrieben hatte. Es war meine erste Buchveröffentlichung und ich wusste damals noch nicht, dass mir eine Karriere als Autorin bevorstand.
Unter dem Namen Christine Cazon, einem »offenen« Pseudonym – denn Cazon ist der Name meines Mannes und auch mein französischer Ehename –, schreibe ich nun seit ein paar Jahren erfolgreich eine Kriminalromanserie um Kommissar Duval, die in Cannes spielt, meinem neuen Wohnort.
Anfangs war ich schüchtern und da ich nicht wusste, was mit den Kriminalromanen an Popularität auf mich zukommen würde, wählte ich einen Autorennamen, vor allem um mein persönliches Leben anonym zu halten. In der Zwischenzeit habe ich mich an das Autorinnendasein als Christine Cazon sowie an den Erfolg und das In-der-Öffentlichkeit-stehen gewöhnt und es gibt nun keinen Grund mehr, mich zu doppeln.
Ich danke meinem Verlag, diesem ersten Buch eine zweite Chance zu geben.

Cannes, im April 2020,
Christine Cazon

Landung

Oh Gott, wo bin ich denn hier gelandet?! Eben sind wir schon an alten Autowracks und verrosteten landwirtschaftlichen Geräten vorbeigefahren, und auf dem Parkplatz hier sieht es aus wie auf einem Schrottplatz: alte Autos, ein vorsintflutlicher Traktor, jede Menge alte Autoreifen, die aus einem rostigen VW-Bus quellen, Paletten und Holzkisten, eine alte Dachrinne liegen herum. Und als ich meine Autotür aufmache, stoße ich an das Gerippe eines Kinderwagens, dann stolpere ich über ausgebleichtes Plastikspielzeug, natürlich ein Traktor, eine Puppe liegt verlassen auf dem niedrigen Scheunendach, und kaum bin ich ausgestiegen, drängt sich ein riesiger schwarzer Hund an mich. Irgendwo höre ich einen anderen Hund wild bellen. Es friert mich mitten in der Sonne, ich habe aber keine Zeit, lange zu zögern, denn schon eile ich einen Abhang hinunter und stolpere hinter Martin her, der mich wieder irgendwelchen Leuten vorstellen will. Ich bin auf meinem Biohof angekommen.

Auf einer Holzveranda unübersichtlich viele Leute, es begrüßt mich freundlich ein sehr dicker Mann mit offenem, löchrigem Hemd, der freie Blick auf seinen großen Bauch und die fast leere Mundhöhle, mit der er mich anlacht, machen mich ein wenig fassungslos und verlegen. Das ist also Paul, seine Frau Agnès hab ich schon »unten« im Dorf kennengelernt, das mir jetzt unfassbar weit weg erscheint. So viele Kilometer sind wir steil bergauf gefahren, haben Ser-

pentinen im 180°-Winkel genommen auf dem einspurigen Sträßchen, das so eng ist, dass zwei Autos nicht aneinander vorbeikommen und man bei Gegenverkehr rückwärts bis zur nächsten Ausweichstelle fährt, um auch dann das Gefühl von aneinanderschrammenden Außenspiegeln zu haben. Aber natürlich schrammen wir das andere Auto nicht, stattdessen bleiben wir mit offenem Fenster stehen, um *ça va?* zu fragen und *ça va!* zu antworten und zu sagen, dass es ganz schön heiß ist und dass es in Nizza noch viel heißer ist, und Gott sei Dank sind wir hier oben, und ob es wohl regnen wird? Ich spüre neugierige Blicke, aber es fragt dann doch niemand, wer ich denn nun bin, trotzdem ahne ich schon das »Und wer ist sie? Und was macht sie hier?«, und das frage ich mich jetzt auch schon: Was mache ich hier? Ein bisschen verloren sitze ich auf der wackeligen Außentreppe, die zu »meinem« Zimmer führt; ein mit einem Vorhang abgetrenntes Eckchen in einem Schlafsaal oder besser: Matratzenlager unter dem Dach, zu niedrig, um richtig darin zu stehen, ein Fenster mit einem wunderbaren Blick auf Berge und Himmel und einem mit Reißzwecken befestigten Küchenhandtuch als Vorhang. Eine Matratze, ein kleines Regal, eine alte Holztruhe, ein ebenso großer uralter Fernseher, und das ist es auch schon, »mein Reich« für die kommenden Wochen oder gar Monate?
Auf den Hof in den Vogesen hab ich nicht gewollt, weil er mir zu alternativ war, mit all dem Sperrmüllmobiliar und den kruschigen Ecken, den ungewohnten Holzöfen und ohne fließend warmes Wasser und mit all den Katzen und den Hunden. Und jetzt bin ich hier, tausend Kilometer weiter im Süden von Frankreich, und es ist noch viel alternativer. Wo bin ich nur gelandet und was mache ich hier?
Ein Jahr im Ausland wollte ich leben, eine Auszeit nehmen, ein Sabbatjahr, wie das jetzt gern mal heißt. Raus aus dem Job, den ich Knall auf Fall gekündigt habe, weil

ich den Stress nicht mehr ertragen habe und überhaupt schon jahrelang so unzufrieden war. Und weit weg von den Erinnerungen an eine Beziehung, die es nicht mehr gibt. Bei jedem Film über glückliches Landleben in Frankreich dachte ich sehnsüchtig: »Das ist es«, »Das will ich.« Und dann dachte ich: »Ich mache das jetzt einfach, wann, wenn nicht jetzt?« Durch Zufall bin ich auf diese Anzeige gestoßen, irgendwas mit Kühen und Käse, Garten, Sonne und Schatten, ein Biohof in den französischen Seealpen sucht freundliche Mithilfe. Na, DAS ist es doch! Keine Ahnung, wo und was die französischen Seealpen sind, aber irgendetwas in mir ist sicher, das ist es. Eine Telefonnummer. Ein Anrufbeantworter. Mühsam stammele ich meinen kleinen Text zusammen, den ich vorher vor dem Spiegel geübt habe. Ich dachte, ich könne ein wenig Französisch, jetzt ist's mir doch ein wenig mulmig. Aber eigentlich bin ich ganz froh, dass ich noch kein direktes Gegenüber hatte, doch jetzt bin ich zappelig, ob und wann mich jemand zurückruft?! Eine Stunde später habe ich einen französisch-schwäbisch sprechenden Mann am Telefon, wir erkennen uns als Deutsche, und schon ist alles ganz leicht. Überhaupt ist alles ganz leicht, abgesehen davon, dass er niemanden mehr braucht. Er duzt mich freundlich und gibt mir einfach mal ein paar andere Telefonnummern von anderen Höfen im gleichen Tal, da könne ich ja mal anrufen. Andere Höfe im gleichen Tal ... ich sehe Heidi-Höfe vor mir und grüne Wiesen, was heißt wohl »im gleichen Tal«? Ich habe die Telefonnummer eines anderen Hofes, eine große Familie lebt dort, ein »aufgestellter Haufen«, sagt er, was soll das nun wieder heißen? Sie haben auch Kühe und machen ebenfalls Käse. Und dann habe ich noch die Nummer eines Freundes, der einen großen Obst-, Kräuter- und Gemüsegarten hat, Marmeladen und Chutneys macht und die dann auf dem Markt verkauft. Wie romantisch!

Ich rufe bei beiden an, hinterlasse bei dem Gemüsegarten-Mann eine Nachricht auf dem Anrufbeantworter und erreiche bei dem lockeren Familienhaufen eine nette junge Frau, mit der ich in einem Kauderwelsch aus Französisch und Englisch eine halbe Stunde ein richtig nettes Gespräch habe. Auch hier ist alles ganz einfach, als wäre es das Normalste der Welt, dass am helllichten Tag jemand aus Deutschland anruft und sagt: »Hallo, ich bin's, und ich würde gern eine Zeit lang mit euch leben und arbeiten, und übrigens, ich bin schon 42 und hab auch gar keine Ahnung von Landwirtschaft.« Und was sagt sie, die nette junge Frau? »Na klar, komm her, du bist mir sympathisch, und wenn du Lust hast, in der Landwirtschaft zu arbeiten, prima, das kann man alles lernen, *pas de problem.* Ich schick dir morgen eine E-Mail und ein Foto vom Hof, wann könntest du denn da sein?« Uups, wann? Na klar, wenn die jemanden brauchen, dann im Sommer und es ist schon Ende Mai. Ich bin völlig aufgedreht, so schnell kann's gehen, wer hätte das gedacht? Ich muss meine Wohnung untervermieten und mit meinem Vermieter sprechen, ich muss den Herd reparieren lassen, meinen geklauten Führerschein nachmachen lassen, ich muss mich versichern, meine Steuererklärung machen, und wo sind die eigentlich, die Seealpen?
Kaum hab ich mich abends ein wenig beruhigt, ruft auch noch der Gemüsegartenmann an und säuselt mir charmant ins Ohr, dass er es sehr nett fände, wenn ich zu ihm käme, und er bräuchte wirklich Hilfe jetzt im Sommer ... Ich bin hin und her gerissen, lediglich sein Schlusssatz gibt mir zu denken: »Es gibt hier übrigens keinen Strom und kein fließendes Wasser und auch kein Badezimmer und keine Toilette, aber es gibt eine Quelle nah beim Haus.« Ach ja? Ich lache herzlich. Und bin leicht verstört. Wie soll das gehen ohne Toilette und ohne Badezimmer? Ich wasche mich wie

ein Cowboy tapfer am Brunnen und immer nur unter den Achseln? Ach du liebe Güte. Und gibt es eigentlich ein Badezimmer auf dem anderen Hof? Auf die Idee, so etwas zu fragen, bin ich gar nicht gekommen.

Ich schlafe kaum vor lauter Aufregung, habe mich in der Nacht trotz der ungeklärten Badezimmerfrage und der leichten Furcht vor den Kühen vorerst für den Familienbetrieb entschieden und harre jetzt der E-Mail, die haben ja wenigstens Elektrizität und so was wie Internet!

Gleichzeitig häufen sich plötzlich die Möglichkeiten. Ich finde noch einen anderen Hof in den Vogesen, wo ich auch leben und arbeiten könnte, allerdings die meiste Zeit alleine wäre. Schreckt mich das? Will ich mir zumindest ansehen. Also fahre ich drei Tage später mit dem Zug nach Freiburg und werde dort von einer sehr alternativen, gummistiefeligen Frau mit großem Hund abgeholt. Wir zockeln mit ihrem Kleinwagen voll Erde und Stroh und Hundehaaren in die Vogesen. Der Hund hat mich schon adoptiert und liegt halb auf mir drauf. Mich juckt es, ich niese und schlucke heimlich Antihistamin und frage mich zum ersten Mal, ob ich eigentlich verrückt geworden bin, als Allergikerin auf einen Bauernhof zu gehen.

Wir verstehen uns eigentlich gut, die alternative Frau und ich, aber irgendwie fühl ich mich überfordert von der Idee allein hierzubleiben, auf dem riesigen Anwesen, weit weg von allem und allen, ohne Auto. So viel Einsamkeit. Überfordert auch von dem Leben, von den Hühnern, auf die man aufpassen muss, dass weder Fuchs noch Greifvögel sie töten, und von den Ratten in den Lebendfallen, die hingegen ertränkt werden müssen. Von den zu mähenden Wiesen und den beiden großen Gärten, von den alten Holzöfen, die ihre Tücken haben, und es ist ganz schön kühl Anfang Juni in den Vogesen und ich friere. Es gibt zwar fließendes Wasser, aber kein warmes, und am nächsten Morgen gibt's gleich mal ein Problem mit dem Wasserdruck, also laufen wir über die taunasse Wiese zur Quelle, werfen uns auf den Bauch, kriechen in ein Loch, und die Gummistiefelfrau erklärt mir, was ich tun muss, wenn das noch mal vorkommt ... Du liebe Güte, und ich dachte, ich müsse vielleicht nur ein paar Bohnen anbinden und Erdbeerpflanzen von Unkraut befreien.

So. Und das war mir alles zu alternativ und deswegen bin ich heute hier gelandet. Ich bin ein bisschen aus der Fassung und unglücklich, denke mir aber, tapfer ein paar Tage zu bleiben, wo soll ich denn auch sonst hin? Meine Wohnung habe ich für ein Jahr untervermietet, ich habe kein Zuhause im Moment. Also packe ich meinen Rucksack aus und versuche mein Eckchen wohnlich zu gestalten. Es ist die *heure de la sieste,* wie man mir erklärt hat, aber ich bin viel zu unruhig für ein Mittagsschläfchen. Draußen ist es völlig ruhig, die Sonne scheint, ein leichter Wind weht, Vögel zwitschern, Grillen zirpen, ich kucke auf die Berge und versuche anzukommen. So vielen Leuten hab ich die Hand geschüttelt, ohne zu verstehen, ob das Freunde, Familie oder Nachbarn sind. Und wer ist jetzt der Mann von Fleur? Oder lebt sie allein mit ihrer Tochter in diesem winzigen Häuschen mit der schiefen Tür, bei der man sich bücken muss, um nicht an den Türrahmen zu stoßen? Und was ist das überhaupt für ein Name, Fleur? Das Haus von Paul und Agnès besteht im Prinzip auch nur aus einer Küche und dem darüberliegenden Schlafraum. Die Küche. So etwas kenne ich bislang nur aus dem Freilichtmuseum. Ein kleiner niedriger Raum, schwarz vom Ruß, eine offene Feuerstelle in der einen, ein gusseiserner Holzofen in der anderen Ecke, riesige Steinplatten bilden den Fußboden, ein schwerer alter Holztisch und zwei einfache Bänke stehen in der Mitte, an den Deckenbalken hängen an Zimmermannsnägeln riesige Körbe, und weiter hinten sehe ich wirklich Schinken und Würste hängen. Eine ausgetretene Steintreppe führt nach oben in das kleine schiefe Zimmer von Paul und Agnès. Ein Bett, ein Schreibtisch, ein Schrank, ein Regal voller Bücher, ein winziger Fernseher. Das ist alles? Mehr privaten Raum gibt es anscheinend nicht für die beiden.

Zu meiner grenzenlosen Erleichterung gibt es aber eine Toilette und auch ein Badezimmer, untergebracht in einem winzigen Anbau an das alte Haus, aber ich weiß nicht, wie viele Menschen es sich teilen. Ich sehe diverse Zahnbürsten und Waschlappen herumliegen, viel Platz ist hier eigentlich nicht, und ich komme mir komisch vor mit all meinen Cremes und Döschen und mit all den Dingen, die ich eigentlich so brauche, und wage schon mal nicht, mich damit auszubreiten. Wo auch? Aber immerhin ein Bad! Und eine Waschmaschine gibt es auch!

Vom Hof hab ich noch nicht allzu viel gesehen. Drei Kälbchen in einem dunklen und niedrigen Stall unter dem Haus, die mir Fiona, eines der kleinen Mädchen des Hofes, stolz gezeigt hat. Aber es sind schon Leute da gewesen, die Käse kaufen wollten, also muss es irgendwo noch die Käserei, die *fromagerie,* geben und natürlich auch Kühe. Und Schweine. Kaninchen hab ich in einem wackeligen Stall gesehen, Enten und Hühner laufen gackernd spazieren, ein Hahn kräht hin und wieder. Zwei große schwarze Hunde beherrschen den Hof, und viele Katzen huschen über die Terrasse.

Fleur sucht mich, sie hat ihre kleine Tochter Mel an der einen und einen der riesigen Körbe in der anderen Hand. Ob ich wohl Lust hätte, mit ihnen Kirschen zu pflücken? Na, was für eine Frage. Gemütlich spazieren wir zu einem knorrigen Kirschbaum, der vollhängt mit dicken schwarzen Kirschen. Und ich esse – seit wie vielen Jahren wieder? – süße

Kirschen direkt vom Baum in den Mund. Fleur klettert wie ein Eichhörnchen im Baum herum und mir kommt das alles so unwirklich vor. Ganz sachte tauchen Erinnerungen aus meiner Kindheit auf. Irgendwann traue ich mich auch auf den Baum zu klettern und sitze noch ein bisschen unsicher, aber stolz auf einem Ast, pflücke Kirschen und versuche sie in den angebundenen Korb zu werfen, stopfe mir dabei immer auch Kirschen in den Mund und spucke die Kerne auf die Wiese. Der Himmel ist blau, Mels Mündchen ist kirschrot verschmiert, und ich bin hier. So schlecht ist es vielleicht doch nicht.

Ich glaube, das tut mir gut hier. Gerade habe ich mit Fleur und Camille über das Leben hier gesprochen. »Sei einfach du selbst«, sagte mir Camille. Hier ist nichts fest vorgegeben, jeder hat seinen eigenen Rhythmus und alles ist o.k. Wir saßen alle zusammengedrängt in der kleinen Küche des dritten Häuschens, tranken belgisches Bier aus kleinen Flaschen und redeten, wobei ich überwiegend stammelte und nach Worten suchte. Dennoch verstand ich, was sie mir sagten: »Sei locker, entspann dich, alles ist gut wie es ist.« Auch hier sehe ich nur eine Küche und einen kleinen Wohnraum mit einem Alkoven, eine kleine Kammer als Kinderzimmerchen gibt es noch. Alles ist so beengt, improvisiert, fast primitiv. Aber sie Stimmung ist heiter. Alle sind unkompliziert, reden, lachen: »Noch ein Bier, Christjann?« Und niemand schämt sich für die Enge, die unbequeme, wackelige Bank und den dreibeinigen Sessel mit dem aufgeplatzten grünen Futter und dass die kleine Tochter quietschvergnügt ein Bad in einem Waschzuber mitten in der Küche nimmt, wie auf den vergilbten Fotos im Fotoalbum meiner Großeltern ... Ich denke an meine Altbauwohnung in Köln, die ich ganz alleine bewohne und die mir eigentlich nicht groß genug ist, ich denke an mein schickes weißes Bad und an all meine sorgfältig ausgesuchten Einrichtungsgegenstände.

Später sitze ich wieder auf der Treppe zu meinem Dachzimmerchen und versuche all meine Eindrücke zu verdauen. Es ist so ruhig. Grillen zirpen, sonst höre ich nichts. Ruhe. Schwarze Nacht und Sterne. Ich bin überwältigt von diesem Sternenhimmel. Ich sitze und schaue. Ich bin noch nicht wirklich angekommen und doch schon so weit weg von allem, was mich noch vor Kurzem so geplagt hat. Hier ist so eine andere Welt.

Irgendwann wird es doch empfindlich kühl, wir sind immerhin auf einer Höhe von 1300 m, ich bin froh um meinen Fleecepulli und um meine Taschenlampe, die ich einer Eingebung folgend noch eingepackt habe. Denn abgesehen von den Sternen ist es um mich herum stockfinster, und ich muss ja nachts mindestens einmal raus. Es ist ein bisschen wie Zelten, finde ich ...

Kräht der Hahn auf dem Mist ...

»Komm doch erst mal an«, sagt mir Fleur, weil ich trotz der gestrigen Botschaft, »mich zu entspannen«, unruhig nach Arbeit frage. »Wenn du Lust hast, kannst du ja noch mal Kirschen ernten, vielleicht machen wir dann einen *Clafoutis,* und später zeig ich dir den Garten. Hast du denn schon gefrühstückt?« Ja, habe ich. Ich bin schon ganz lange wach, auch ohne Wecker. Ich habe erstaunlich gut geschlafen und dachte, alle seien schon seit fünf Uhr früh am Arbeiten. Und ich hatte schon ein schlechtes Gewissen, weil ich erst jetzt auftauche, aber niemand hat mich bislang gesucht. Also ziehe ich mit meinem Korb und einer alten Holzleiter los zum Kirschbaum. Die Sonne scheint. Um mich herum nur Himmel und Berge. Ich sehe Schmetterlinge, die ich nur vom Memory-Spiel kenne, Bienen summen, Grillen zirpen. Ich klettere auf den Kirschbaum, atme tief ein und aus und bin merkwürdig berührt. Ich habe einen Kloß im Hals. Ich werd' doch hier nicht auf einem Kirschbaum sitzen und heulen?!

Zum Mittagessen finden sich zwölf Personen an dem großen Holztisch auf der Veranda ein. Es dauert einen Moment, bis alle da sind und bis wir anfangen können, denn wir essen alle zusammen, und keinesfalls essen wir ohne die Männer, die noch auf dem Feld sind oder im Stall oder was weiß ich wo. Also warten wir. Ich sitze auf dem Verandageländer, lasse die Beine baumeln und streichele Bijou, einen der großen schwarzen Hunde, der so unglaublich schmusig ist, dass ich meine Angst vor ihm schon nach Stunden verlor. Und dann essen wir. Und ich komme mir vor wie in einem der französischen Filme, die ich so gerne sehe. Es ist laut, und alle reden gleichzeitig, riesige Teller und Schüsseln werden weitergereicht. Es gibt Salat und dicke Scheiben rohen Schinken und selbst gemachte Paté, und ich bin jetzt schon satt, aber das war nur der Anfang. Dann wird eine riesige dampfende Tonschüssel auf den Tisch gestellt: *pieds paquets.* Ich habe keine Ahnung, was ich esse. *»Ça va Christjann,* schmeckt es dir?« Oh ja, es schmeckt mir gut, ein bisschen fremd, aber gut, alle lachen und freuen sich. Ich freue mich auch, verstehe nicht, was sie mir erzählen, und plötzlich sehe ich befremdet, ja was sehe ich? Zähne? Fußknochen? Auf dem Teller meines Tischnachbarn. Was habe ich da gerade voll Genuss gegessen? Später verstehe ich, was *pieds paquets* meint: Die *paquets,* kleine »Pakete«, sind *les tripes,* gefüllter Schafsmagen, Kutteln auf Deutsch, und die *pieds,* na, das sind eben Schafsfüße. Beides wird zusammen in einer Art Tomatensoße gekocht und gegessen und ist im Übrigen eine Spezialität aus Marseille. Ich bin dann doch ganz froh, dass es noch Käse und den *Clafoutis* gibt, den ich mit Fleur gebacken habe. Die dreifache Rezeptmenge mit zwölf Eiern füllte eine gigantische Auflaufform, aber bei zwölf Personen bleibt kein Krümelchen davon übrig. Und dann ist es *l'heure de la sieste,* und heute bin ich auch tatsächlich müde und schwer in Kopf und Bauch. Ich lege mich dankbar in mein Bett und sinke in einen kleinen Mittagsschlaf.

Nachmittags gehen wir in den Garten, mit zwei kleinen Mädchen an den Händen hopsen wir und rennen und machen abwechselnd mit ihnen »Engelchen flieg«, was hier schlicht *un, deux, trois, uiii* heißt, aber genauso funktioniert, und dann liegt er vor mir, der Garten. Vom Hang blicke ich hinunter auf eine Oase.

Grün, blumenbunt und riesig liegt ein richtiger Bauerngarten vor mir, ohne Zaun, einfach so auf dem Acker, umgeben von brachliegendem Land, Wiesen und Obstbäumen. Ich sehe Sonnenblumen und zartes Rosa-, Weiß-, Pink- und Lilafarbiges und überall Flecken von kräftigem Orange. Cosmos und Arnika, lerne ich, dann Kohl, Karotten, Salat, Bohnen, Tomaten, Zwiebeln, Lauch, Kräuter ... alles, was man sich in einem Gemüsegarten vorstellen kann, ist da. Und auch Pflanzen, die ich nicht kenne, wie etwa *les fèves,* Saubohnen, steht in meinem Wörterbuch, also Schweinefutter? »Neinnein, Christjann, kuck, das kann man essen ...« Ich bin nicht ganz überzeugt und halte mich lieber an eine Karotte, die ich aus der Erde ziehe, mit den Händen säubere und schließlich doch an meiner Hose abreibe – ist doch nur Erde, Christjann, sag ich mir selbst – und knackend und krachend kaue. Schmeckt, wie Karotten früher mal geschmeckt haben, finde ich. Und mir fällt ein, dass meine Eltern, als ich klein war, bei einer alten Dame den Garten bestellt haben. Ich sehe das alles plötzlich ganz deutlich vor mir. Das kleine Siedlungshäuschen mit dem großen Garten, und da gab es auch den Kirschbaum, der gestern schon in meinem Kopf herumschwirrte, und ich hatte ein eigenes kleines Beet mit Karotten und Radieschen. Ich bin erstaunt, an was ich mich so alles erinnere.

Wir jäten Unkraut, und Agnès zeigt mir, wie ich die überflüssigen Triebe der Kürbispflanzen abzwicke, sodass an jeder »Abzweigung« nur eine Blüte und ein Blatt wachsen. Ich bin ganz vertieft und in Gedanken anderswo, als ich Ninon und Agnès rufen höre: »*Christjann, viens, vite ...*« Plötzlich sind die Wolken gar nicht mehr watteweiß, und

der Himmel ist auch nicht mehr blau. Es ist grau, dunkel, die Wolken hängen tief, Wind kommt auf, und dann ist es ganz schnell da, das Gewitter, und wir rennen nach Hause. Das Gewitter ist heftig, es kracht und blitzt, unglaubliche Wassermassen stürzen vom Himmel, ein paar Minuten lang hagelt es auch, haselnussgroße Körner knallen auf das Blechdach, ein unglaublicher Lärm, das Licht flackert, und dann wird es plötzlich ganz dunkel, denn der Strom ist ausgefallen. Das ist hier bei jedem Gewitter so, erfahre ich. Beeindruckt ob dieser Gewalt trinke ich schweigend meinen Tee, und wir zählen die Sekunden zwischen Donner und Blitzen und kucken ehrfürchtig zu, wie die Blitze am helllichten Tag den schwarzen Himmel erleuchten.
Später sehe ich, was das Gewitter hinterlassen hat. Überall auf dem Hof steht das Wasser, Rinnsale, Bäche, Pfützen, weggeschwemmte Steine, der Weg am Hang ist eine einzige schlammige Rutschbahn, alles ist matschig und braun, und die nasse Erde quietscht und quatscht und bleibt satt und schwer an meinen Schuhen hängen, während ich zurück zu meinem Dachkämmerchen stapfe.

In den Garten gehen wir heute nicht mehr, aber es wird schon wieder Essen zubereitet. Dass man ganz selbstverständlich zweimal am Tag kocht, ist mir fremd, und dass man zweimal am Tag so viel essen kann, auch. Es gibt Melone und Salat und eine Art Fischsuppe mit Crevetten und Muscheln und dazu Brot, Käse und Wein, schon wieder für mehr als zehn Personen, denn auch wenn Fleur und Camille mit ihren kleinen Familien abends bei sich essen, heute Abend kommen noch ein paar Freunde von Paul und Agnès. Und der Nachbar, der heute Nachmittag vorbeikam, um ein Glas zu trinken, und vom Gewitter überrascht wurde, bleibt natürlich auch zum Essen. Aber vorher gibt es noch den *Apéro.* »Was willst du trinken, Christjann?«

Keine Ahnung, ich bin überfordert von der Auswahl an Flaschen und schon hat Agnès riesige Platten mit Häppchen auf den Tisch gestellt. Und Oliven und Schinkenscheiben. Also Christjann, Whisky? *Pastis?* Rosé? Die Männer trinken alle *Pastis,* also probiere ich das. Es hat mir in Deutschland nie geschmeckt, wenn irgendwer eine Flasche *Ricard* oder *51* aus einem Frankreichurlaub mitbrachte und ganz schick und ganz frankophil in Originalgläsern servierte, aber jetzt bin ich ja hier, im Süden Frankreichs, im Midi, und ich erwarte ein erhellendes Geschmackserlebnis. Aber nein, ich finde das gelblich milchige Anisgebräu auch hier nicht lecker, aber es ist gar nicht schlimm, denn ich lerne, dass *Pastis* eher ein Männergetränk ist. Frauen trinken eisgekühlten Rosé oder süßen Orangenwein oder Martini oder manchmal auch einen Weißwein. Aber irgendetwas wird auf jeden Fall genippt, während man schwarze Oliven oder kleine Häppchen mit Oliven- oder Sardellenpaste knabbert: *Tapenade* und *Anchoiade.* Der *Apéro* ist also weniger ein Aperitif als vielmehr eine Art ungezwungenes Essen vor dem Essen, und eigentlich bin ich schon jetzt satt.
Und alle reden. Vor allem über das Wetter: Junge, war das ein Gewitter heute Mittag. Auf der Straße zum Dorf ist ein Stück Hang weggebrochen und auf die Straße gerutscht, man kann kaum vorbeifahren und muss den Straßendienst anrufen. Und irgendwo hat der Blitz eingeschlagen. Und dann erzählt jemand die Geschichte von dem Unwetter vor zwei Jahren, wo der Blitz eine Kuh erschlagen hat. Und vor fünf Jahren, wo es tagelang regnete, sodass das ganze Flusstal einer reißenden dunkelgrauen Schlammlawine glich und alles mit sich riss, unter anderem eine Brücke weiter unten im Tal.
Das Wetter bleibt beherrschendes Thema heute Abend, wir haben schon den Wetterdienst auf zwei verschiedenen Fernsehkanälen gekuckt, fehlt noch der Regionalsender,

aber klar ist schon, dass für die nächsten Tage hier weitere Gewitter angesagt sind. Ich versuche dem Gespräch zu folgen, ganz Frankreich leidet unter Trockenheit, es gibt Bauern, die mit Waffengewalt gezwungen werden, die Bewässerung ihrer Felder einzustellen, und hier zerstören Hagel und sintflutartige Wassermassen die Ernte. Ich höre das alles, und doch bleibt es für mich weit weg, denn es ist schon wieder hell und freundlich, und es ist immerhin so warm, dass wir auf der Veranda essen können. Bei einbrechender Dunkelheit sind wir plötzlich von Myriaden von Nachtfaltern umschwärmt, die wie betrunken um das Licht torkeln und halb verbrannt auf den Tisch und in die Suppe fallen. Ohne mit der Wimper zu zucken, ziehe ich die unglücklichen Geschöpfe aus meinem Teller, werfe sie hinter mich in die Nacht und esse weiter. Bin ich das? Ich staune über mich selbst.

Libérez les betteraves!
Rüben und kein Ende

Der Hagel hat die schönen Blätter der Kürbisse zerschlagen, gleichzeitig will es mir scheinen, als seien die Triebe gewachsen. »Ja«, sagt Agnès, »genauso ist es, die Pflanzen haben einen Instinkt, und bei Gewitter wachsen sie schubartig, als wollten sie der Zerstörung durch Hagel etwas entgegensetzen.« Ob ich eigentlich schon etwas von Rudolf Steiner zur biodynamischen Landwirtschaft gelesen hätte? Ich verneine verschämt. Rudolf Steiner? Hier? Ich bin platt.

Wir bleiben nicht im Garten, wir gehen weiter aufs Feld, das heißt, wir fahren. Mit einem der alten Autos, dem ich nicht mehr viel zugetraut habe, und tatsächlich ist es etwas gewöhnungsbedürftig: Die Tür klemmt derartig, dass ich, als ich mit aller Kraft dran reiße und sie endlich aufgeht, vor Schreck hinfalle. Innen riecht es nach allem Möglichen, Kuhstall, Heu, Erde, Feuchtigkeit, und es sieht auch so aus. Ich wische den mit Heu und Erde verschmutzten Beifahrersitz halbwegs sauber und setze mich vorsichtig hin. Agnès rührt ein wenig in den Gängen, eigentlich geht nur noch der erste, aber den muss man auch erst mal finden. Dann röhren wir im ersten Gang und offenbar mit einem defekten Auspuff durch die stille Landschaft, rumpeln über matschige Feldwege, durchschlittern gigantische Pfützen, dass es meterhoch spritzt, und sind da. Wie zwei lange Bänder ober- und unterhalb einer Wiese liegen die

Äcker leicht gewellt vor uns. Mais, Kartoffeln, Kohl, Rüben. Beim Aussteigen ziehe ich an der Verriegelung und werfe mich gleichzeitig mit aller Gewalt von innen gegen die Tür. Klappt.

Wir schalten den Strom vom Elektrozaun aus und klettern drüber. Agnès zeigt mit ausgestrecktem Arm auf das endlos wuchernde Grün vor uns und sagt mir: »Wie du siehst, ist es höchste Eisenbahn.« Ich sehe eigentlich gar nichts außer unendlichen Reihen unregelmäßig wachsender Pflanzen und verstehe nichts. Agnès sieht meinen verständnislosen Blick und wir gehen auf eine der wild wuchernden Pflanzenreihen zu: »Schau, Christjann, hier haben wir Rüben gesät, aber das Unkraut wächst viel schneller als die Rübenpflanzen und nimmt ihnen alles weg: Licht, Luft, Wasser.« Agnès hackt ein bisschen die Erde auf und reißt ruckzuck jede Menge Grünzeug raus. Zum Vorschein kommt ein kleines, vielleicht fünf Zentimeter großes Rübenpflänzchen. Ich fange an zu verstehen. Und sehe das Grün vor mir mit anderen Augen: Wir werden die nächste Zeit die kleinen Rübenpflänzchen von Unkraut befreien. Gleichzeitig lockern wir dabei die knochenharte Erde auf. Ich bekomme eine Hacke und Handschuhe und versuche mir abzuschauen, wie Agnès arbeitet. Die Schwierigkeit besteht darin, das Unkraut komplett mit der Wurzel rauszureißen und beim Aufhacken der Erde nicht das Rübenpflänzchen zu massakrieren. Es ist mühsam, aber es tut mir auch gut, mich körperlich anzustrengen. Aber wie langsam komme ich voran, Agnès hat mich schon um Längen überholt und arbeitet viel gleichmäßiger. Na ja, sage ich mir, sie macht das auch schon seit dreißig Jahren. Ich hacke und reiße, und ab und zu pflanze ich ein aus Versehen rausgerissenes Rübchen wieder ein. Es wird heiß, ich ziehe mein Hemd an und setze meinen Hut auf, denn die Sonne knallt unbarm-

herzig auf den schattenlosen Acker und auf meine blasse Haut. Gegen elf verlässt mich Agnès, weil sie das Mittagessen vorbereiten muss, sie lässt mir Wasser da, ermahnt mich viel zu trinken und sagt: »Wir rufen dich dann zum Essen.«
Ich kann mir nicht recht vorstellen, wie man mich auf die Entfernung rufen will, sage aber nichts. Allein auf dem Acker ist es plötzlich ziemlich einsam. Ein paar Schmetterlinge gaukeln vorbei. Eine fette Hornisse röhrt wie ein kleiner Hubschrauber, als sie in schnurgerader Linie knapp an meinem Ohr vorbeifliegt. Sonst kein Geräusch. Weit und breit kein Mensch. Ich setze mich zwischen die Rüben und schaue in den Himmel und auf die Berge ringsum. Was für eine grandiose Landschaft. Und diese Stille. Ich schlucke. Warum bin ich hier nur so schnell so gerührt?
Dann höre ich ein Tröten von Ferne, der Wind weht leicht und ich weiß nicht, ob ich mich getäuscht habe. Dann noch ein Tröten, und leise, aber deutlich höre ich ein lang gezogenes tiefes *Chriiiiii-stjannnnnn, à taaaable* ... Sie haben mich tatsächlich gerufen! Ich schultere meine Hacke und komme mir vor wie ein Landarbeiter Anfang des letzten Jahrhunderts, während ich zum Essen stiefele.

Nach der *sieste* nehme ich meine Hacke und laufe zurück aufs Feld. Und alle sind schon da. Agnès und Fleur und Camille, die beiden kleinen Mädchen und die zwei Nachbarsjungen, die anscheinend sowieso viel mehr bei uns sind als bei sich. Zu viert geht das Hacken und Reißen schneller, wobei ich mit meiner Reihe nicht richtig vorankomme, weil mich die Frauen nach meinem Leben ausfragen und ich, während ich hoch konzentriert nach Worten suche und gestenreich erzähle, aufhöre zu hacken. Aber auch wenn sie mir etwas erzählen, höre ich unwillkürlich auf zu hacken und zu reißen, weil die Hälfte der Worte unverstanden an mir vorbeigleitet, wenn ich nicht durch Hinkucken und Aufnehmen von Gestik und Mimik versuche, das Erzählte zu verstehen. Es ist anstrengend. Ich dachte, ich könnte etwas Französisch. Und ich dachte auch, meine verschütteten Schulkenntnisse würden sich spielerisch zurückmelden. Irgendwie ist das nicht so. Schon beim Essen, wenn alle gleichzeitig sprechen, habe ich Probleme, dem Erzählten zu folgen. Ich verstehe, ob es ums Wetter, um Politik oder ums Essen geht, aber für die Details brauche ich immer jemanden, der es mir noch mal langsam in einfachen Worten sagt. Und so schalte ich oft einfach ab. Ich bin schon genug mit der anderen Art zu essen gefordert. Alle essen so langsam, es gibt so viele Gänge, fremde Gerüche und fremden Geschmack und immer so viel Fleisch. Mittags hatte ich verzweifelt an meinem Stück sehnigen und halb rohen Rindfleisch herumgekaut. Ich wusste nicht, wie ich das essen sollte, und suchte mit Blicken den Hund, dem ich das heimlich zustecken könnte, um dann plötzlich meinen Namen zu hören. *Pardon?* »Was hältst du von Europa, *Christjann?*« Ach du liebe Güte. Frankreich hat gerade in der Europafrage abgestimmt. Überall hängen noch kämpferische Plakate »Nein zu Maastricht«. Habe ich eine Meinung dazu? Ich stottere. Ehrlich gesagt habe ich keine Ahnung, wofür oder wogegen dieses Referendum war. Dann erläutern sie mir ihre Ansicht, es geht um Normen und Gentechnik und irgendwie fällt der Name *José Bové.* Kenne ich nicht. Wer ist das? Sie schauen mich fassungslos an. »*Christjann,* wo lebst du? JOSÉ BOVÉ!« Ich komme mir unpolitisch und unwissend vor.

Am Abend haben wir siebeneinhalb Reihen geschafft. Sauber liegen die Reihen mit den kleinen befreiten Rübenpflänzchen neben dem vom Unkraut überwucherten Rest. Leider ist der Rest zum Verzweifeln viel. Ich fange an zu zählen. Fünfzig Reihen Rüben. Wenn wir jeden Tag zu viert arbeiten und etwa fünf Reihen schaffen, dann sind wir in zehn Tagen fertig. Und wenn wir jeden Tag sieben Reihen schaffen, dann sind wir in etwa sieben Tagen fertig. Mir tut der Rücken weh und die Beine vom Bücken, und trotz Handschuhen habe ich raue Hände und Druckstellen von der ungewohnten Arbeit mit der Hacke. Aber ich bin auch unglaublich stolz und genieße meinen Muskelkater: Ich habe richtig gearbeitet.

Am nächsten Morgen ziehe ich wieder aufs Feld, aber heute bleibe ich allein. Agnès arbeitet im Garten. Fleur ist in der *fromagerie* und macht Käse, Camille hütet die Kinder und erwartet im Übrigen noch ihre Nichten und Neffen, die ein paar Tage Ferien auf dem Land machen. Mein Rechenexempel bezüglich der Rüben ist demnach hinfällig. Ich hacke und reiße also in aller Stille und hänge dabei meinen Gedanken nach.
»Bonjour, Christjann, ça va?!« Ich hebe den Kopf, am Feldrand steht Roland, ein Nachbar, und strahlt mich an. *»Ça va, ça va! Et toi?«* »Wenn ich dich sehe, geht es mir gut, Christjann!« Ach du je. Ich glaube, da hab ich was von vornherein falsch angefangen. Aber keinesfalls bin ich auf die Idee gekommen, dass ein Mann, älter als mein Vater, sich von meinem freundlichen Lächeln ermutigt fühlen könnte zu etwas mehr ... aber oh, là, là, wir sind in Südfrankreich. Gebe ich ihm jetzt Küsschen oder nicht? Das macht mich ja auch ganz unruhig, ständig diese Küsschengeberei. Und ich glaube, ich hab das wirklich falsch gemacht. Fremden Männern, also Männern, die nicht zur Familie oder zum Freundeskreis gehören, gibt man keine Küsschen. Aber das wusste ich nicht. Mir sind die Küsschen insgesamt so fremd, dass ich sie wahllos verteilt habe. Roland muss sich von meinen Schmatzern, die ich ihm jedes Mal lachend aufdrückte, ganz klar aufgefordert gefühlt haben. Und er

ist ja noch in *pleine forme,* wie er mir gestern Abend versichert hat. Steht auch gern mal mit freiem und zugegebenermaßen durchaus ansehnlichem, braun gebranntem Oberkörper in seinem Garten. Ich bin aber auch zu naiv. Wie komme ich da nur wieder raus? Erst mal bleibe ich mitten auf meinem Acker stehen, vermeide jede Annäherung und auch die *bises* und führe die Konversation aus sicherer Entfernung. Er überschüttet mich mit Komplimenten, so fleißig und so stark und dabei so hübsch und strahlend wie die Sonne, nein, wie ist dieses deutsche Mädchen beeindruckend. Gefällt es dir hier? Wie gut du Französisch sprichst. Fantastisch. Hast du denn schon ein bisschen was von der Gegend gesehen? Nein? Aber das musst du. Ich könnte dir ein bisschen was zeigen, wenn du willst. Du kannst auch einfach so gern mal kommen, zum *Apéro,* du weißt ja, wo ich wohne. Das Haus mit den grünen Fensterläden, ich kann dich immer sehen, wenn du auf deiner Treppe sitzt ... Gott im Himmel, wie beruhigend. Vermutlich glaubt er, ich setze mich seinetwegen auf die Stufen. Das werde ich ein bisschen einschränken müssen. Oh Gott, eine Affäre, *une aventure,* ist das Letzte, was ich hier anfangen wollte, ich leide noch immer an meiner letzten, unglücklich endenden Beziehung, und ich bin nicht hier, weil ich dringend einen Mann brauche. Vor allem keinen, der älter ist als mein Vater.

Irgendwann geht er, weil ich sage, ich muss jetzt aber doch weiterarbeiten, sonst wird das nie was mit den Rüben. Tatsächlich habe ich ein schlechtes Gewissen, wenn ich, statt zu arbeiten, rumstehe und schwätze. Deutsche Disziplin.

Zwei Sterne leuchten in der Nacht

Seit gestern lebe ich übrigens mit einer Katzenfamilie unter einem Dach.

Als ich mich gestern nach dem Essen zur *sieste* in mein Kämmerchen zurückzog, stolperte ich über eine der Katzen, die vermutlich durch das kaputte Fenster in der Tür reingekommen ist. Oder auch über das offene Dachfenster über meinem Bett. Mist! Ich mag keine Katzen, denn gegen sie bin ich wirklich stark allergisch, und bislang konnte ich den Kontakt mit ihnen weitgehend vermeiden. Gott sei Dank leben die Katzen hier weitgehend draußen, haben ihr Landkatzenleben mit Mäusen und kleinen Echsen und kommen nur gelegentlich ins Haus, um als Nahrungsergänzung eine Schale mit Katzenfutter zu verspeisen. Eine Katze in meinem Schlafraum, die sich vielleicht heimlich, still und leise in mein Bett schleicht, während ich schlafe, ist das Allerletzte, was ich will. Ich versuche sie zu verscheuchen, aber sie verschwindet flugs hinter einem Regal in einer Ecke und faucht mich ungewohnt aggressiv an. Ich weiß nicht, wie ich sie da rauskriegen soll, und rüttele ein wenig am Regal, ziehe die Bücher raus und werfe letztlich sogar ein Buch hinters Regal, aber sie ist schon in einer Dachnische verschwunden und faucht nur. Nervös ziehe ich mich zur *sieste* zurück und hoffe, dass sie zwischenzeitlich wieder verschwindet. Aber nein, nach einer Stunde faucht es immer noch hinter dem Regal, wenn ich mich nähere. Aufgeregt erzähle ich es Agnès und sage, dass ich kei-

nesfalls mit einer Katze in meinem Zimmer schlafen kann. Agnès sagt: »Ah ja, welche ist es denn? Ach, die schwarze? Na ja, die hat da vermutlich Junge gemacht.«
Oh nein! Bitte nicht! Eine ganze Katzenfamilie in meinem Zimmer, ich werde fast hysterisch. Was, wenn die Katzenmama ihre Babys in mein Bett schleppt? Agnès sagt: »O.k., ich sage Paul, dass er sich drum kümmert. Aber krieg dich wieder ein, sie frisst dich schon nicht.« Ich komme mir unverstanden vor. »Ich ersticke, wenn ich mit Katzen in einem Raum bin! Ich bin allergisch, verstehst du?«
Beim Abendessen sagt Agnès zu Paul, dass die schwarze Katze Junge gemacht habe, und zwar in meinem Zimmer, und dass sie da nicht bleiben könnten, weil ich allergisch sei. *»Ah, oui«*, sagt Paul, »wo ist sie denn? Hinter dem Regal? Hmm, schwierig, dann ist sie vermutlich im Dach. Na ja, kümmere ich mich morgen drum. Hat schon jemand den Wetterbericht gesehen?«
Beunruhigt gehe ich in mein Zimmer. Es faucht hinter dem Regal. Ich versuche die Katze noch ein bisschen zu provozieren, sodass sie kapiert, dass ich keinesfalls eine Freundin bin und sie gefälligst hinter dem Regal bleibt mit ihren Babys. Gleichzeitig hab ich Angst, dass sie mir ins Gesicht springt, wenn ich sie zu sehr ärgere. Ich habe keine Ahnung von Katzen. Ich lasse auch die Tür auf, damit sie bei Bedarf verschwinden kann und nicht den Umweg über mein Bett und das Dachfenster machen muss, das ich aber vorsichtshalber auch geöffnet lasse, schon damit ich Luft kriege. Ich gehe ins Bett, lege das Antihistaminikum in Griffweite bereit und versuche mich mit Lesen abzulenken. Ich lese die halbe Nacht, ohne jegliche Atemprobleme, ohne Jucken und Niesen, ohne Triefaugen und ohne Quaddeln. Mutig beschließe ich, das Licht auszumachen und ohne Medikamente zu schlafen. Ich lausche in die Dunkelheit. Höre ich Katzenpfoten schleichen?

Ich erwache und taste mein Gesicht ab. Keine Quaddeln. Ich atme normal. Es juckt mich nichts. Ich muss nicht niesen. Ich kucke in den Spiegel. Ich bin nicht verquollen. Alles normal. Vielleicht ist die Katze heute Nacht ausgezogen? Ich nähere mich dem Regal: Es faucht. Ich staune. Ich habe in unmittelbarer Nähe einer Katzenfamilie geschlafen und nichts ist passiert.
»Na, überlebt?«, fragt mich Agnès. »Hmjaah, aber es wäre mir doch lieber, wenn die Katze weg wäre.« »Jaja, Paul kümmert sich heute drum. Gehst du zu den Rüben?«
Der Tag vergeht, die Katze ist noch da. Und beim Abendessen erinnere ich Paul, dass er sich doch kümmern wollte. »Ach ja«, sagt er, »aber jetzt ist es schon so spät, und ich bin ehrlich gesagt ein bisschen müde. Es ist dir doch nichts passiert gestern Nacht, oder?« »Nein, aber es wäre mir doch wohler, wenn ...« »O. k.«, sagt er, »ich kümmere mich gleich morgen früh drum, oder warte mal, nachmittags, morgen ist ja Markt, aber vielleicht kann Fleur mal nach der Katze schauen?«
So geht's und ich lebe weiterhin mit einer fauchenden Katze, in der Zwischenzeit rede ich sogar ganz freundlich mit ihr, sage: »O. k., das scheint ja zu klappen mit uns, aber bleib doch bitte weiterhin in deiner Ecke, ich lass dich dann auch in Ruhe.« Nach wie vor schlafe ich ohne Medikamente, wenn auch immer mit einer leichten Unruhe, dass ich morgens aufwachen könnte und ein Haufen kleiner Katzenbabys inklusive fauchender Mama in meinem Bett liegt. Aber alles geht gut. Und eines Tages ist sie weg. Ich merke es erst gar nicht, aber als ich morgens in die Küche komme, zieht mich Mel aufgeregt ins Badezimmer, greift mit ihren klebrigen Kleinkinderhändchen hinter die alte Truhe und hält mir triumphierend ein kleines graues Fellknäuel entgegen. Sie drückt es mir in die Hand und hat schon das nächste herausgezogen, und noch eins und

noch eins und noch eins. Fünf kleine graue, schwarze und getigerte Kätzchen scheinen heute Nacht mit ihrer Mama ins Badezimmer gezogen zu sein. Oh Gott, sind die süß! Sie haben die Augen noch geschlossen und fiepen hilflos in meinem Arm. Wir legen sie vorsichtig wieder hinter die Truhe. Das Badezimmer bleibt ihr neues Zuhause und wird nun auch bevorzugter Aufenthaltsort der Mädchen. Insbesondere die zweijährige Mel kann sich gar nicht von den Fellknäueln trennen, und wann immer wir sie suchen, ist sie unter Garantie bei den *bébé-chats*. Ich muss zugeben, dass ich gegen den Charme der Kätzchen auch nicht gefeit bin. Und tatsächlich gratuliere ich der rabenschwarzen Katzenmama, die auf den bezaubernden Namen *Deux Etoiles qui brillent dans la nuit* hört, zu ihren fünf entzückenden Babys und danke ihr im Stillen, dass sie von allein gegangen ist. Eines Morgens krabbeln sie nun alle fünf im Badezimmer herum, und ab sofort muss man aufpassen, dass man sie nicht aus Versehen in der Tür einklemmt oder auf sie tritt. Ich habe mich in die kleine getigerte Katze verliebt, sie hat stahlblaue Augen und ist die vorwitzigste von allen. Agnès macht sich über meine plötzlich erwachte und fürsorgliche Katzenliebe lustig. Sie, die seit Jahren alle paar Monate aufs Neue Katzenbabys aufwachsen sieht, ist genervt, weil sie es ist, die sich letzten Endes immer wieder um alles kümmern muss, um ein improvisiertes kleines Nest aus alten Pullovern und Leintüchern, um das Katzenklo und später um Abnehmer für ihre Katzen. Und sie ist genervt, weil die kleinen pummeligen Katzen neugierig überall hinlaufen und weil man sie in der dunklen Küche nicht sieht und weil man dann über sie stolpert und weil sie dann schreien und alle angerannt kommen und fragen: »Ist was mit den Kätzchen?« Überhaupt nervt sie dieses verliebte Getue um die Katzen. »Ruf doch Brigitte Bardot an!«, heißt es, wenn ich mit meiner romantischen Tierliebe versuche, einen liebevolleren Umgang mit den Kätzchen einzuführen. »Und was ist eigentlich mit deiner Katzenallergie?«, fragt sie mich unfreundlich. Ich sitze auf der Steintreppe in der Küche, weil es heute Nachmittag schon wieder mal ein Gewitter gab, es nach wie vor unglaublich regnet und die Arbeit auf dem Rübenacker für heute zwangsläufig beendet ist, und spiele schon eine ganze Weile mit meiner getigerten Lieblingskatze. Ich weiß auch nicht. Ich kann es auch kaum glauben, aber ich hab keine allergischen Beschwerden. Gegen gar nichts eigentlich. Ganz am Anfang habe ich hier ein-, zweimal ein Antihistaminikum genommen, weil ich eine rote juckende Stelle am Hals hatte, die ich nicht einschätzen konnte. Aber dann ließ ich es sein und siehe da, weder der Staub noch das Heu noch die herumflatternden Hühner provozierten einen Niesanfall oder juckende Quaddeln. Gar nichts eigentlich. Und jetzt nicht mal die Katzen. Vielleicht ist es die Höhenluft? Und weil ich so viel draußen bin? Oder das Quellwasser, das wir hier trinken, hat eine heilende Wirkung? »Ich werde ein Buch über Spontanheilungen schreiben und der Ort hier wird mitsamt der Quelle zum Wallfahrtsort werden, wie etwa in Lourdes«, schlage ich vor. »Bloß nicht«, sagt Agnès, »aber es stimmt, das Wasser hier ist speziell und die Alten sagen, früher hätte es die Leute verrückt gemacht.« Aber vielleicht ist es auch nur, weil ich mich wider Erwarten hier unglaublich wohlfühle.

Land, Luft und Liebe

Nicht nur mit den Katzen habe ich mich angefreundet, sondern nach und nach auch mit all den anderen Tieren auf dem Hof. Auch mit den großen, also mit Kühen und Schweinen, was nicht unbedingt auf der Hand lag, denn die Kühe haben hier Hörner, und ich fand sie erst mal sehr Respekt einflößend. Und große Schweine sind einfach nicht niedlich. Das Anfreunden mit den großen Tieren gelingt leichter, wenn man Kuh und Schwein als Jungtiere kennenlernt, also als Kalb oder Ferkel. Dann sind alle sooo süß! Eine Horde kleiner quiekender Ferkelchen vom Stall zum Außengelände flitzen zu sehen, um nur ja schnell am Trog zu sein, ist einfach nur süß. Und ein gerade geborenes Kalb, das einen mit großen langbewimperten Augen ansieht und einem mit rauer Zunge über die Hand leckt, ist auch zum Dahinschmelzen. Und wenn man sie wachsen sieht und sie kennt und weiß, dass William, das schwarz gefleckte Schwein, sich grunzend auf den Rücken legt, um wie ein Hündchen am Bauch gestreichelt zu werden, ist das schon nett, auch wenn aus dem süßen Ferkel schon lange ein fettes Schwein geworden ist. Und Kälbchen sind sowieso sehr lange sehr niedlich. Auch wenn sie einem im Übereifer des Hastig-Heu-aus-dem-Arm-reißen-Wollens manchmal auf den Fuß treten, das ist schon schmerzhaft. Und vor ihren ungestümen Kopfbewegungen mit den Hörnern sollte man sich auch besser in Acht nehmen. Aber so näherte ich mich den Kühen an, und eines Tages wagte ich den Weg in den Kuhstall und bot meine Hilfe an. Käse machen hatte ich da schon gelernt. Und dazu die scheppernden 20 Liter schweren Alumilchkannen vom Kühlraum in die *fromagerie* geschleppt. Jetzt wollte ich das Davor kennenlernen. Mathieu, der Jungbauer, ein intellektueller, aber sehr schweigsamer und verschlossener junger Mann, freute sich ganz offensichtlich, dass ich mich seinen Lieblingen annäherte. Hier im Tal habe ich bislang keinen anderen Bauern getroffen, der so verliebt in seine Kühe ist wie Mathieu. Und die Kühe sind verliebt in ihn. Wenn Mathieu sie abends von der Weide holt, um sie in den Stall zu führen, dann kann es sein, dass sie alle angerannt kommen, als seien sie kleine Hündchen. Mir wurde ganz anders, als ich das das erste Mal sah. Eine wild gewordene Kuhherde? Stampede? Ach was, einen Zentimeter vor Mathieu blieben sie stehen und versuchten alle gleichzeitig sich an ihm zu reiben. Und dann trotteten sie brav hinter ihm her in den Stall, eine jede an ihren Platz. Der Stall. Genau wie die darüberliegende Küche kannte ich so etwas nur aus dem Freilichtmuseum. Niedrig, dunkel, eng, und wenn acht Kühe darin stehen und zwei Jungkühe, dann ist er voll. Um zu melken oder um vorher den Euter zu säubern, muss man die Kühe jeweils energisch zur Seite drängen, damit man überhaupt zwischen ihnen Platz für sein Hockerchen, den Eimer oder die Melkmaschine findet. Bei Mathieu kein Problem. Er tätschelt einer Kuh auf den Hintern und sagt aufmunternd: *allez, bouge un peu, Lila*, also: »Los, beweg dich ein bisschen«, und Lila macht bereitwillig einen Schritt zur Seite. Als ich das Gleiche versuchte, kuckte die Kuh nicht mal, wer sie da tätschelte, und zur Seite ging sie schon gar nicht. Ich war einfach Luft für sie. Der Tag, an dem ich zum ersten Mal bei der Leitkuh Florette die Melkmaschine andocken sollte, hat mich der verächtliche Blick, den sie mir dabei zuwarf, wirklich getroffen. »Was willst *du* denn?«,

schien sie fragen zu wollen, und ich hatte das Gefühl, sie war gekränkt, dieses Mal nicht von Mathieu gemolken zu werden. Sie hat es akzeptiert, was sollte sie auch machen als coole Chefin, aber sie hat mir als Zeichen ihres deutlichen Missbehagens ihren Schwanz mehrfach lässig ins Gesicht geschleudert. Den kann man mit einer Klemme fixieren, wenn es zu doll wird, und das musste ich ehrlich gesagt auch oft genug machen. Sie haben mich irgendwann toleriert, die Kühe, aber so richtig als Autorität haben sie mich nicht anerkannt, geschweige denn geliebt. Aber ich habe melken gelernt, ich habe meine Angst vor den Kühen verloren, ich habe ihre Eigenarten kennengelernt, und ich habe an dem Tag, an dem Lilou bei einer verunglückten Zwillingstotgeburt beinahe gestorben wäre, die traurigsten Tieraugen meines Lebens gesehen. Und einen weinenden Mathieu an ihrer Seite ganz hinten im dunklen Stall.
Ich habe gelernt, Hühner, Enten, Schweine, Kühe und Kaninchen zu füttern, ich habe gelernt, mit der vielfältigsten Tierscheiße umzugehen und den Kuh- und den Schweinestall auszumisten. Ich habe gelernt, die volle und schwere Schubkarre über eine Planke die Treppe hochzuschieben und dann noch mal über eine weitere Planke auf den Misthaufen zu balancieren und dort mehr oder weniger schwungvoll auszukippen. Und ich habe gelernt, das an jedem Tag im Jahr zu machen. Egal, ob es heiß oder kalt war, regnete oder schneite, egal ob Weihnachten war oder Silvester oder Ostern oder mein Geburtstag.
Ich habe beim Schlachten von Kaninchen, Hühnern und Enten zugesehen, und ich habe Hühner und Enten gerupft, ich habe beim Schweineschlachten geholfen und später Blutwurstmasse in Ziegendärme gefüllt.
Ich habe bei Minustemperaturen halb gefrorene Futterrüben aus dem betonhart gefrorenen Acker gezogen, die Blätter mit einem riesigen Messer abgehackt und Blätter

und Rüben getrennt auf einen Anhänger geworfen. Dann sind wir – ich kam mir jedes Mal vor wie in einem Film von Joseph Vilsmaier – vom Traktor gezogen, auf dem Anhänger auf den harten, kalten Rüben sitzend, jede von uns Frauen mit einem Kind im Arm, damit es nicht runterfällt, rumpelnd zum Hof zurückgefahren. Dort wurden die Rüben ausgeladen, und ich habe sie in einem Keller zu einer riesigen Wand aufgestapelt. Das ist eine Kunst für sich, mir hatte keiner erklärt, auf was ich achten sollte, was aber niemanden hinderte, darüber zu meckern, dass die Wand vermutlich nicht stabil genug sei, und sie ist dann auch tatsächlich eines Abends als riesige Rübenlawine um mich herum zusammengebrochen, gerade als ich noch eine weitere Rübe auf eine Reihe auflegen wollte. Außer dem Schrecken und der Wut über die doppelte Arbeit sowie darüber, mir erneut den Spott der Jungs zugezogen zu haben, ist mir nichts passiert, aber ich war heilfroh, dass ich nicht eines der kleinen wuseligen Mädchen zur Aufsicht bei mir hatte.

Ich habe gelernt, beim Arbeiten schmutzig zu werden und schmutzig zu sein, denn schwarze Erde lässt sich nur schwer wieder aus der Haut und unter den Fingernägeln wegwaschen. Ich habe gelernt, dass meine Klamotten und ich eindringlich nach Kuhstall und nach Tieren riechen, und ich habe den Geruch sogar gerngehabt.

Ich bin so tief in diese Welt eingetaucht, dass ich mir am Ende meines von mir angedachten Sabbatjahres nicht mehr vorstellen konnte, wieder zurückzugehen, wieder in der Großstadt zu leben, wieder im Büro vor einem PC zu sitzen. Dann kam eine Anfrage meiner Untermieter, ob und wenn ja, wann ich zurückkäme. Und wenn nicht, ob sie vielleicht noch ein Jahr in meiner Wohnung bleiben könnten. Ich nahm das als Zeichen und bin einfach dageblieben.

Im zweiten Jahr meines Hierseins habe ich meinen Bewegungsradius etwas ausgedehnt. Vorher war ich fast ausschließlich auf dem Hof geblieben. Mir reichte das an neuen und aufregenden Eindrücken. Das Landleben war so fremd für mich. Und ich fand es dort so schön. So ruhig. So wohltuend. Ich hatte gar keine Lust auf Stadt, das hatte ich ja nun jahrelang gelebt. Gut, vielleicht nicht in Nizza, aber ehrlich gesagt sehen Innenstädte überall gleich aus. Zugegeben, die Altstadt von Nizza ist schön, es stehen überall Palmen herum und es gibt Zitronen- und Orangenbäume als Straßenbegrünung, und im Januar hängen sogar Orangen und Zitronen daran, und manchmal ist es selbst so früh im Jahr so mild, dass man seinen *café* draußen trinken kann. Es gibt wunderbare Art-déco-Häuser, und es gibt das Meer.
Aber H&M ist überall gleich. Als mir die Schwester von Paul anbot, sie in Nizza zu besuchen, weil doch gleich der Ausverkauf begänne und man in den schicken Boutiquen gute Schnäppchen machen könnte, merkte ich zum ersten Mal, dass das nicht mehr meine Welt war. Es interessierte mich überhaupt nicht. Sie konnte es nicht glauben. Als ich höflich zu erklären versuchte, dass ich für schicke Sachen auf dem Hof sowieso keine Verwendung hätte, meinte sie, na ja, das Experiment sei ja nun bald vorbei, und ich müsse ja auch mal wieder in die normale Arbeitswelt eintauchen. Was ich eigentlich vorhätte? Als ich sagte, ich bliebe vorerst hier, was ich aber konkret machen wolle, wisse ich nicht, fiel ihr ein bisschen das Kinn runter.

Ich habe dann *à droite et à gauche* gearbeitet, wie man hier sagt. Ich habe sozusagen alles gemacht, um ein bisschen Geld zu verdienen. Dinge, die ich in Deutschland vermutlich nie gemacht hätte, aber auf einem Hof hätte ich in Deutschland ja auch nie gelebt.

Was die Menschen um mich herum noch mehr irritierte, als dass ich mich anscheinend im Tal niederlassen wollte, war, dass in dem ganzen Jahr kein Mann an meiner Seite gesehen wurde. Keine Affäre, kein Flirt, kein gar nichts. Es gab genug Angebote, so war es nicht. Es hatte sich schnell rumgesprochen, dass da eine deutsche Frau auf dem Hof mitlebte, die nicht nach drei Wochen wieder wegfuhr, wohl ganz brauchbar arbeitete, und nett war sie anscheinend auch. Da fahren wir mal vorbei. Die kucken wir uns mal an. Es gab ein *défilé* verheirateter und unverheirateter Männer, die sich mal kürzer, mal länger und auch immer wieder mal auf dem Hof sehen ließen. Ich habe zunächst gar nichts verstanden, es hat mich aber auch später nicht weiter interessiert, hatte ich doch gerade eine Beziehung hinter mir gelassen. Und irgendwann ließ man mich in Ruhe. Als aber klar wurde, dass ich vielleicht doch im Tal bleibe, wurde eine Art Kuppelmaschinerie in Gang gesetzt. Denn dass eine Frau ohne Mann längere Zeit glücklich und zufrieden leben kann, ist in Südfrankreich nicht denkbar. Ich wurde also zu konspirativen Essen eingeladen, bei denen neben einigen Freunden, wie zufällig, der unverheiratete Briefträger auftauchte. »Kennt ihr euch schon? Das ist Christjann, das ist Jerôme ...« Wie zufällig wurde mir von Paul die Käseauslieferung übertragen, und wie zufällig bestellte jeden Freitag ein Kneipenwirt in einem abgelegenen Dorf einen großen Käse. Paul legte sich für seinen Freund stark ins Zeug: »Das ist ein guter und treuer Mann! Und er ist vermögend. Die Kneipe gehört ihm. Es gibt auch ein paar Zimmer, er vermietet die nicht mehr, aber das könnte man ausbauen. Gut, er lebt dort mit seinen Eltern, aber die sind auch in Ordnung. Wirklich ein feiner Kerl, hatte nur immer ein bisschen Pech mit den Frauen ...«
Der Kneipenwirt ist wirklich nett, aber etwa zwei Zentner schwer, und irgendwie hat es nicht richtig gefunkt bei mir.

Ich sah mich einfach nicht an der Seite eines fassrunden, schnauzbärtigen Kneipenwirtes an einem so abgelegenen Ort.
Auch das *défilé* der mir bereits bekannten Junggesellen des Tals begann wieder.
Es gab Momente, wo ich dachte, ich fange jetzt einfach mit einem der mich schweigsam verehrenden Schäfer was an, damit Ruhe ist. Aber dann kam es doch anders.

Bei meinen verschiedenen Arbeitsstellen außerhalb des Hofes bin ich einmal für ein paar Tage auf einem kleinen Hof in Châteauneuf d'Entraunes gelandet und habe dort Ziegen gemolken.
Auf dem Ziegenhof blieb ich nicht, aber in das Dorf hatte ich mich verliebt. Das Dorf war mir eigentlich von Anfang an ins Auge gefallen, weil man es von der Serpentinenstraße, die zu unserem Hof führt, in jeder Kurve von Weitem vor sich liegen sieht. Immer sonnenbeschienen, Sommer wie Winter, liegt es da auf einem Hügel, die Häuser dicht und rund zusammengedrängt, wie ein Deckelchen auf einer Teekanne. Drumherum beeindruckendes Bergpanorama.
Und dann wurde die seit einiger Zeit leer stehende Auberge in diesem Dorf wieder vermietet. Und der neue *Aubergist* war zum Käsekaufen auf den Hof gekommen. Ich hatte ihn nicht gesehen, aber Fleur hatte mit ihm gesprochen. Sie sah mich abends eindringlich an und sagte mir leise ins Ohr: »Ich glaube, ich habe den Mann für dich gefunden.«
Oh nein, sie jetzt auch? Nimmt das denn gar kein Ende? Ich sah sie gequält an, aber sie war sich ganz sicher. »Der wird dir gefallen, Christjann, bestimmt!«.
Und dann bedrängte sie mich, dass ich so bald wie möglich nach Châteauneuf fahren solle, um selbst mal ein Auge auf den *Aubergisten* zu werfen. Am folgenden Wochenende

nahm ich mir, immerhin neugierig geworden, einen freien Tag und fuhr nach Châteauneuf. Was soll ich sagen: Jetzt lebe ich doch an der Seite eines Schnurrbart tragenden Kneipenwirtes und sogar an einem noch viel abgelegeneren Ort.

Dienstag

Meine Arbeitswoche beginnt dienstags. Also, die Arbeitswoche, für die ich bezahlt werde. Dass ich oft am Wochenende und im Sommer noch viel mehr in der Auberge unbezahlt arbeite, ist sozusagen mein »privates« Vergnügen, das ich mir gönne, weil ich mit einem *Aubergisten* zusammenlebe. Aber davon später. Ich fahre also gegen acht den Berg runter, um gegen halb neun unten im Tal meinen »Kühlschrank« aufzuschließen: So nenne ich meinen kleinen landwirtschaftlichen Genossenschaftsladen im Winter, weil es dort, wenn ich ankomme, etwa 2° Celsius Innentemperatur hat. Wenn ich den kleinen Ölofen anwerfe, der tapfer heizt, aber angesichts des immensen Raumes eigentlich keine echte Chance hat, kann es bis zu 9° Celsius warm werden. Ich verkaufe unter anderem auch Thermometer und habe das mal gemessen!

Dienstag ist auch der Tag, an dem die Müllabfuhr die Container bei uns oben leert, und in der Regel treffen wir uns auf der einspurigen Serpentinenstraße genau dort, wo garantiert kein Ausweichen möglich ist, und die Jungs sehen immer wieder gern, wie ich mühsam rückwärts bergauf zur nächsten Ausweichstelle eiere, um dann fröhlich winkend und hupend an mir vorbeizufahren.

Dienstag ist einer der zwei Tage, an dem ein kleines privates Busunternehmen mit einem Minibus – in der Regel ältere – Menschen aus ihren abgelegenen Höfen oder Weilern in das 250-Einwohner-Dorf Guillaumes fährt. Hier gibt es eine Grundschule, die Post, eine winzige Bankfiliale, den Arzt, die Apotheke, einen Bäcker, eine Tankstelle und, wenn ich meinen Laden mitzähle, drei Einkaufsmöglichkeiten, dann drei Bars, einen Tabakladen und ein etwas heruntergekommenes Hotel.

Dienstag ist auch einer der zwei Tage, an dem die Filiale der *»credit agricole«* geöffnet ist, und es ist gleichzeitig ein Tag, an dem der oben erwähnte einzige Arzt im Tal Sprechstunde hat. Dienstag ist also einer der »busy days« hier im Tal, wenn ich das mal, pardon, in Ermangelung eines korrekten französischen Ausdrucks auf Englisch sagen darf, und somit einer meiner Hauptarbeitstage. In der Regel stehen schon ein paar Leute vor meiner Ladentür, wenn ich ankomme. Man ist hier *matinal* wie vermutlich überall auf dem Land, und wenn es nach meinen Kunden ginge, könnte ich gern schon um 7 Uhr öffnen. Ich verkaufe neben Rattengift, Futtermais und Schneeschippen, um mal eine willkürliche Auswahl für mein Winterangebot zu treffen, auch die Produkte der Region, vor allem Käse, Eier und Honig. Wein verkaufe ich auch, den ich aus einem 1000-Liter-Tank zapfe, aber der ist, wenn wir ehrlich sein wollen, aus dem Nachbardepartement; hier in den Bergen machen nur noch ein paar wenige alte Bauern ihren eigenen Wein. Ich fülle also Wein in mehr oder weniger saubere Flaschen oder Plastikbehälter, ich schneide riesige Käselaibe an und ich schleppe säckeweise (in der Regel 25 Kilo) Getreide aus dem Lager auf der anderen Straßenseite und werfe sie auf die Ladefläche der kleinen Lastwagen meiner Kunden, die dann bewundernd sagen: »Was ist es doch kräftig, das deutsche Mädchen, ja die kann arbeiten, ach, wenn ich noch ein bisschen jünger wäre, wir könnten gut was zusammen machen ...«

Das mache ich also. Und dann quatsche ich den lieben langen Tag. Jeden Dienstag aufs Neue und immer das Gleiche.

Ça va? Ça va! Eventuell Küsschen rechts, Küsschen links, hängt von der Vertrautheit ab, es gibt ein paar ältere Herren, da vermute ich, die kommen eigentlich nur, um sich ihr Küsschen abzuholen und um ein bisschen zu plaudern. Es beginnt in der Regel mit dem Wetter. Bisschen kalt. Hmmjah. Jetzt im Winter fragt man die Temperaturen und die Schneehöhe oder evtl. andere Wetterwidrigkeiten der einzelnen Dörfchen ab. Beliebt ist auch die Frage *Quoi de neuf…?*, also: »Na, was gibt's Neues bei euch?« In der Regel gibt's absolut nichts, aber das kann man hier so schnöde ja nicht sagen, irgendwas findet man schon, und sei auch hier die Antwort die Schneehöhe oder der Regen oder die Sonne, die oben bei uns schon scheint und unten im Dorf erst gegen elf ankommt. Aber bei diesem harmlosen Geplauder kann man sicher sein, dass man, wenn es wirklich mal auch nur die kleinste Neuigkeit gibt, sie auch sofort erfährt. Petit Louis ist gestorben, ganz plötzlich, aber eigentlich hat's dann doch keinen gewundert, die letzten Tage ist er nicht mal mehr aus dem Haus gegangen, um seinen Wein in der Kneipe zu trinken.
Der Tabakladen wird verkauft und hat dann hoffentlich längere Öffnungszeiten. Der Metzger hat zugemacht und es gibt keinen Nachfolger. Und Pierrette, meine vergessliche Lieblingskundin, ist schon wieder von ihrem Hahn ins Bein gepickt worden.

So ist mein Dienstag, und so sind in der Regel alle meine bezahlten Arbeitstage. Manchmal ist es anstrengend, körperlich etwa, wenn ich an einem Tag allein viele Säcke schleppen muss oder wenn wir eine große Lieferung bekommen und ich beladene Paletten hin und her schiebe, um alles in das Lager zu bekommen. Mental, wenn ich zum Beispiel halb taube Kunden habe, die mich gereizt anbrüllen, weil sie selbst nichts verstehen, und hinterher behaupten, es läge an meinem Akzent. Aber bei alledem und auch bei aller Wiederkehr des Ewiggleichen ist das alles auch nach zweieinhalb Jahren noch so völlig anders als mein vorheriges Leben, dass es mir immer noch ein bisschen wie Urlaub vorkommt. Verrückt, oder?

Le jour du cochon

Wissen Sie, was bei uns seit Stunden in einem gigantischen Topf auf drei Flammen gleichzeitig kocht? Schweinekopf. Und Schweinefüße und Zunge und noch so allerlei anderes vom Schwein. Beim Schwein wird nichts weggeworfen, sagte mir Patrick gerade. Wir machen *fromage de tête,* das ist Schweinskopfsülze. Und wird eben aus dem Fleisch des Schweinekopfs und allem anderen gemacht, den man dazu ewig kocht, dann wird das Fleisch per Hand ausgelöst und mit Knoblauch, Petersilie und was man sonst so mag an Gewürzen in Einmachgläser gefüllt, sterilisiert, und beim Erkalten geliert das alles und wird fest.

Wir haben nämlich geschlachtet. Oder sagen wir besser, ein Freund, der einen Hof hat, hat seine Schweine geschlachtet, und wir haben eines davon gekauft. Bevor ich hier lebte, hab ich nicht sehr viel Fleisch gegessen. Nicht dass ich Vegetarierin bin, ich esse Fleisch, aber ich fand es eklig, Fleisch anzufassen, selbst wenn es eigentlich sauber verpackte Puten- oder Schweineschnitzel waren. Und ich mochte auch den Geruch in Metzgereien nicht so besonders. Dann kam ich hier nach Frankreich auf den Biohof und musste feststellen, ohne Fleisch geht hier gar nichts. Viel Rind, das für meine Verhältnisse fast roh gegessen wird, viel Lamm, aber auch viel Wurst, *pâté,* Schinken, *fromage de tête,* Schweinefleisch eben. Als ich dort das erste Mal die niedrige, rauchgeschwärzte Küche betreten habe und an den Deckenbalken getrocknete Würste und Schinken hängen sah, dachte ich, ich sei in einem Freilichtmuseum gelandet. Nach zwei Tagen sah ich bereits zu, wie drei Kaninchen geschlachtet wurden, ich fand mich mutig, das Schlachten dann erstaunlich unblutig und sachlich. Erschrocken bin ich nur, als ich später den alten gigantischen Kühlschrank öffnete und neben den Joghurts und der Butter die drei abgehäuteten Kaninchenkörper darin hängen sah. Das erste Mal Hühner schlachten war schon ein bisschen aufregender, weil die Hühner, auch wenn sie schon tot sind, ja noch flattern, aber da war ich schon vier Monate auf dem Hof und etwas abgehärteter. Schon mal ein Huhn gerupft? Ich kann das jetzt. Schon komisch, wie entfremdet man, oder sagen wir ich, mit alldem ist. Ich esse gern Brathähnchen. Und die hatten, eine kleine Weile bevor sie in meinem Backofen knusprig brieten, alle mal Federn und Innereien. Aber wer will das schon wissen? Die Hühner hier hatten ein nettes Hühnerleben, spazierten fröhlich gackernd über Hof und Wiesen, na ja, von ihrem Ende waren sie vielleicht ein wenig überrascht, aber es ging so schnell ... Ich wollte aber vom Schweineschlachten erzählen. Hier ist im Winter eigentlich fast jedes Wochenende irgendwo auf einem Hof *le jour du cochon,* also Schlachtfest, und das ist wirklich jedes Mal ein Fest. Mehr oder weniger groß, auf dem Hof, wo ich lebte, war es sehr groß!

Alles begann schon ein paar Tage vorher und ist dann wie überall, glaube ich: Auf den letzten Drücker werden noch Dinge erledigt, die man schon das ganze Jahr machen wollte, die mit der Sache an sich aber nichts zu tun haben, zum Beispiel Teile des Daches neu decken und Wege begradigen, den Ententeich säubern ... Dann gibt's aber auch für das Schlachten genug vorzubereiten, neben dem Essen für ca. 60 Leute (so viele waren es dann auch mindestens!) werden riesige Kessel gesäubert und dabei wird festgestellt, dass einer am Boden durchgerostet ist, *merde*. Die Kessel braucht man nämlich für die gigantischen Mengen an kochendem Wasser, das für allerlei benötigt wird. Die Stimmung wird immer nervöser, und auch die Schweine sind mal wieder aus ihrem Gelände abgehauen, ein letztes Mal allerdings.

Samstags dann, in aller Frühe, brodeln schon riesige Feuer unter den Kesseln, es sieht ein bisschen aus wie im Mittelalter mit den vielen Feuerstellen und mit all dem Gebrodel und den Flammen und dem Rauch! Ab acht etwa trudeln Leute ein, Punkt neun kommt der Metzger, und kurz darauf ist das Ende des ersten Schweins gekommen. Na ja, es hat davor ganz schön geschrien, und ich fand's auch ziemlich schrecklich und bin zutiefst erschrocken geflüchtet, aber außer mir hat hier keiner so flatterige Nerven. So ist es halt. Basta. Das Blut wird aufgefangen, gerührt, dass es nicht gerinnt, und für die Zubereitung von Blutwurst kühl aufbewahrt (jaja, in Blutwurst ist wirklich Blut drin, so was realisiere ich erst hier!). Anschließend, jetzt wissen wir auch, wozu kesselweise Wasser erhitzt wurde, wird das Schwein immer wieder mit kochendem Wasser übergossen, damit man seine Borsten leichter abkratzen kann, und das macht man mit ganz normalen Suppenlöffeln. Eklig? Nö, das ist, auch wenn's unglaublich klingt, eine fröhliche Gemeinschaftsarbeit. Alle, Männer, Frauen und Kinder, kratzen und schaben dem Schwein die Borsten ab. Das Töten vorher ist hingegen reine Männersache. Danach wird das Tier aufgehängt und vom Metzger aufgeschnitten, ausgenommen und geteilt. Dann beginnen die Frauen (und fragen Sie mich nicht, warum, aber das machen fast nur die Frauen), Darm und Magen des Schweins zu säubern. Hier brauchte ich dann doch mein erstes Glas Wein, das war so gegen halb zehn am Morgen. Ich hätte vorher nicht gedacht, dass ich dann mit den anderen Frauen im Garten stehen würde, Scheiße aus Schweinedärmen drücke, die Därme anschließend mit viel heißem Wasser ausspüle, dabei Wein trinke, erzähle und lache und nebenbei noch kleine Häppchen esse. So, das wiederholt sich alles viermal, weil wir in diesem Jahr vier Schweine hatten, aber um die Mittagszeit ist alles erledigt, die Schweinehälften werden weggebracht in ein kleines *saloir,* wo sie geschnitten und eingesalzen werden, das ist aber die Arbeit für viele Tage nach dem Schlachtfest, genau wie das Wurst- und *pâté*-Machen oder *fromage de tête,* siehe oben.

Und dann geht das Fest erst richtig los! Essen auf der Terrasse, mindestens 60 Leute sitzen und essen stundenlang und reden und trinken ... Gott sei Dank bei strahlendem Sonnenschein, wenn es auch eiskalt ist, und später dann Musik und Tanz auf der Terrasse (alles bei minus 5 ° C!). Und überall Leute, und immer wieder essen und trinken, vor allem trinken, und reden und lachen bis morgens um fünf, ich war aber schon gegen Mitternacht platt! Schlachtfest, wie gesagt. Bei unserem Freund war es dieses Jahr ein wenig ruhiger, aber im Prinzip genau das Gleiche. Wir haben unser Schwein dann mitgenommen und ich habe es für Sie fotografiert. Ich finde, es lächelt, oder?

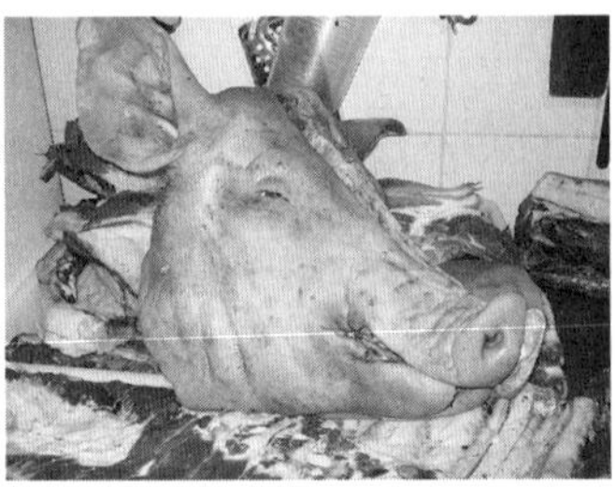

Le chardon oder *Wie eine Zeitung entsteht*

Gerade habe ich in meinen freien Nachmittags- und Abendstunden eine kleine Zeitung gestaltet, die wir hier im Tal mit ein paar Leuten ins Leben gerufen haben, oder sagen wir, wir hauchen ihr neues Leben ein, denn die ersten Ausgaben stammen aus den frühen Neunzigerjahren, aber nach nur fünf Nummern, erschienen über einen Zeitraum von etwa drei Jahren, war das Vorhaben Zeitung wieder sanft eingeschlafen. Die Zeitung heißt *le chardon,* also »die Distel«, weil die Artikel darin ein bisschen stachelig sind, kritisch und unbequem, auch wenn wir die Hefte mit Kochrezepten, Fortsetzungsromanen und Kreuzworträtseln etwas handzahm anreichern wollen. Mir hat man das Layout aufgedrückt, weil ich das in meinem früheren Leben mal beruflich gemacht habe, und es geht mir ein bisschen komisch damit, weil ich da automatisch in meinen früheren perfektionistischen Arbeitsstil falle. Dabei bin ich hier doch schon so schön gelassen geworden. Das Heft sollte letzten Samstag erscheinen, weil da die erste *foire,* sprich der erste größere Markttag in diesem Jahr, in Guillaumes war und zu dieser Gelegenheit etwas mehr Leute als üblich ins Dorf kommen. Gleichzeitig war es der Beginn der Februarschulferien, auch das bedeutet mehr Menschen im Tal, Touristen und Zweitwohnsitzpendler. Mehr Menschen, die wir mit unserer Zeitung erreichen können. Wir haben immerhin eine Auflage von 200 Exemplaren, das will hier erst mal verkauft sein! Doch, doch, zweihundert, ich habe keine Null vergessen.

Das erste wiedererstandene Heft erschien zur *foire* im letzten Oktober und kam gut an, war aber in einer Hauruckaktion entstanden, ich hab mir mehrere Nächte um die Ohren geschlagen, um alles fertigzukriegen, es gab aus Zeitnot keine Korrekturphase, das Heft war voller Fehler, und ich wollte das dieses Mal gerne anders haben. So, wie ich das aus meinem früheren Verlagsleben kenne, in etwa wenigstens, mit Abgabeterminen für Texte, Korrekturphasen, Endkontrolle und genügend Zeit für alles. Alle waren absolut einverstanden. Abgabetermin für die Texte war Weihnachten. An Silvester hatte ich immerhin einen Text vorliegen. Am 13. Januar war Termin für die erste Korrekturphase bei einem Freund weiter oben in den Bergen. Alle versprachen zu kommen und einen Text abzuliefern. Wie gesagt, es war eigentlich der Korrekturtermin. Der Termin wurde kurzfristig abgesagt, weil Lawinen gesprengt werden mussten und die Straße mehrere Tage gesperrt war. Es gab also einen Ersatztermin ein paar Tage später, wo wir uns in einer Kneipe trafen, tranken und aßen und über Gott und die Welt sprachen und alle mir und sich selbst versicherten, dass sie einen Artikel schreiben werden. Ein paar Tage später hatte ich immerhin zwei weitere Texte. Alle drei lagen mir elektronisch vor. So weit, so gut. Dann tröpfelten ein paar handgeschriebene Manuskripte, getippte Texte und das Gerippe eines Kreuzworträtsels ein. Einzig der Mann, der seinen Artikel bereits Silvester abgegeben hatte, änderte wie ein richtiger Autor schon zum dritten Mal seinen Text. Am letzten Dienstagnachmittag hab ich endlich alle Texte beisammen und abgesetzt, dann also endlich die erste und einzige Korrekturphase, aus Zeitgründen direkt am PC. Es wird festgestellt, dass ein Artikel fehlt, man hatte vergessen ihn an mich weiterzusenden, er lagerte vergessen auf irgendeinem anderen PC zwischen, und der zweite Teil der Fortsetzungsgeschichte überschnitt sich zu einem Drittel

mit dem ersten Teil und sollte auch noch mal geschickt werden. »Mach ich sofort«, sagt Camille.
Die Korrekturen gestalteten sich schwierig, weil die unterschiedlichen Versionen von Publisher und Word2000, Vista und XP einen »bug« nach dem anderen produzierten, Schriften, die wir eben noch verwendeten, werden plötzlich nicht mehr anerkannt, Sonderzeichen schon gar nicht, Texte, die schon fertig waren, haben plötzlich nur noch eine halbe Überschrift, alle Ziffern sind wie von Zauberhand verschwunden und dergleichen Späße mehr. Ich, Perfektionistin, würde ja dann gern alles überarbeiten, damit es einheitlich ist, meine Korrektoren jedoch haben kein Problem, serifenlose Ziffern in einen in Garamond-Schrift gesetzten Text zu setzen, Hauptsache, irgendwelche Ziffern. Gut, ich hör schon auf, ins Detail zu gehen. Für mich sieht das Heft aus wie ein Flickenteppich, aber ich glaub, außer mir sieht's keiner, und ehrlich gesagt, wir haben auch keine Zeit mehr, wenn das Heft Samstag erscheinen soll. Ich setz also Mittwoch noch den fehlenden Text ab, der Fortsetzungsroman fehlt. Ich rufe an. »Mach ich sofort«, sagt Camille.
Wer wollte sich eigentlich ums Kopieren und Heften bemühen? Ach so ...?! Céline telefoniert Copyshops an der Côte d'Azur ab, keiner ruft zurück, wen interessiert auch schon so ein mickriger Auftrag aus dem Hinterland? Ich würde gern vorher PDFs erstellen, damit nichts mehr verrutscht, kann das Dokument bei mir oben aber nicht mehr öffnen, Kompatibilitätsprobleme. Céline fährt daher Donnerstag Abend zu Marie-Lène, die aber überraschenderweise doch nicht mit dem läppischen Publisher arbeitet, sondern mit QuarkXPress, Publisher nicht öffnen kann, also haben wir keine PDFs. Immerhin kam auch der Fortsetzungsroman noch. Freitag Nachmittag fährt Céline aufs Geratewohl zu einem Copyshop nach Nizza, das sind immerhin andert-

halb Stunden einfache Fahrt, aber hier oben gibt's so etwas absolut nicht. Die Druckerei auf halbem Weg in Puget-Théniers hat dreimal keine Preisauskunft geben können und ist eindeutig etwas verschnarcht, bleibt also Nizza. Samstag Vormittag kommt Céline stolz mit einem Karton unserer neuen Ausgabe des *Le chardon.* Schön ist er geworden, beidseitig bedruckt, richtig fein geheftet, klasse! Leider ist drinnen alles ein bisschen verrutscht. Die Unterschriften der Artikel sind jeweils eine Seite weitergerutscht, sodass über einem sehr hübsch gestalteten Gedicht auf einer Einzelseite jetzt »Bis bald, Valérie, Maryse, Nancy und Brigitte« steht. Mir tut das weh. Stört hier keinen. Das Heft ist fertig geworden!

Organisation
und Spontaneität

Immer noch ist das zuverlässige, gut organisierte, pünktliche Deutsche in mir sehr präsent. Aber ich mache Fortschritte in puncto Lässigkeit, oder sagen wir Gelassenheit. Seit es hier Winter geworden ist, stelle ich mich jeden Morgen aufs Neue dem Kampf gegen die Gewalten, um mein Lädchen im Tal halbwegs pünktlich aufzuschließen. Mal ist es glatt, mal neblig, mal liegt Schnee, aber tatsächlich mache ich mich nicht mehr so verrückt, wie ich das von mir von früher aus Deutschland kenne. Ich stehe nicht mehr drei Stunden früher auf, um das Unmögliche möglich zu machen. Ich stehe auf wie immer, und dann schauen wir mal. In der Regel bin ich dennoch pünktlich. Am ersten neuen großen Schneetag in meinem Einzelhandelsarbeitsleben war meine Haltung dann aber doch nicht ganz so entspannt, obwohl mir Patrick schon beim Aufwachen sagte: »Kannst liegen bleiben, du fährst heute nicht runter, es schneit zu doll.« Aber ich, typisch deutsch und pflichtbewusst, versuchte es dann doch, grub das Auto aus dem Schnee, würgte es nervös ab, rutschte ein bisschen hilflos im hohen Schnee herum, bevor ich dann doch entnervt aufgab. Der Laden wurde damals gar nicht geöffnet, denn auch meine Chefin, die auf einem (anderen) Berg wohnt, kam den ihren ebenfalls nicht runter und meinte, als ich sie aufgeregt anrief, ganz gelassen: »Mach dir keinen Kopf, bei diesem Wetter kommt auch keiner unserer Kunden den Berg runter, und für den einen Sack

Mais, den wir eventuell verkaufen könnten … *ce n'est pas la peine.*« Das beeindruckt mich sehr hier, dieses gelassene »Geht nicht, schneit«, und das, obwohl hier alle viel besser unter Schneebedingungen fahren können als anderswo. Aber vielleicht ja auch gerade deswegen. Man weiß einfach, wann man besser nicht fährt.
Gestern war ich schon kurz nach halb neun unten, weil die Straßen halbwegs frei waren, vorgestern kam ich erst gegen halb zehn an, weil es nachts so geschneit hatte, dass allein das Autoausgraben eine halbe Stunde dauerte, und heute fahr ich erst mal gar nicht, weil alles spiegelglatt gefroren ist. Ich warte entweder auf den Straßendienst, der vielleicht salzen wird, oder auf die Sonne, die es tauen lassen wird, je nachdem, was zuerst eintritt (heute vermutlich die Sonne). Sicher, ich arbeite auch nicht im mittleren Management, nicht auf der Skipiste mit den Touristen und auch nicht, wie meine eben leicht verzweifelte Nachbarin, im Sozialdienst. Es ist wahr, wenn man einer alten Dame unten im Tal versprochen hat, sie wegen der Glätte zum Arzt zu begleiten, und dann selbst blockiert ist, ist das ungeschickt. Außerdem ist Carine die Alleinverdienerin einer vierköpfigen Familie, und sie wird nach Stunden bezahlt. Carine ist also eben todesmutig den Berg runtergeschlittert.

Ich aber trinke einen zweiten Kaffee, und dann schauen wir mal weiter. Das ist für mich eine so unglaublich coole Haltung, dass es einen Artikel wert ist. Über die Unterschiede zwischen Deutschen und Franzosen in Bezug auf Organisation und Zuverlässigkeit oder aus französischer Sicht: Spontaneität und Freiheit.

Am Anfang, als ich noch auf dem Hof lebte, konnte ich es gar nicht glauben, dass plötzlich wie aus heiterem Himmel, sagen wir, kein Mais mehr da ist oder trockenes Brot oder was auch immer, auf jeden Fall etwas, was man eigentlich täglich braucht, um die Schweine oder Hühner zu füttern. Das sieht man doch, dass das zur Neige geht, und das weiß man doch, ob da noch zehn Säcke in der Scheune stehen oder ob man neulich den letzten geholt hat und dass man das rechtzeitig nachbestellen oder irgendwo holen muss. Nö. Nicht hier. Gleiches Beispiel mit den Plastikbechern für Joghurt oder Quark oder mit den Etiketten für den Käse, man sieht doch, dass die Rolle immer dünner wird, oder? ... Nö. Ich sage es Agnès. »Ah ja, danke, Christjann, hast recht, wir müssen Etiketten nachbestellen.« Nichts passiert. Ich sage es Fleur. »Jaja, müssen wir nachbestellen.« Ich sage es ein paar Tage später noch mal und mache mich fast unbeliebt mit dieser Drängelei. Ja, wir bestellen die Etiketten nach, aber erst nachdem wir etwa vier Wochen lang den Käse ohne Etiketten ausgeliefert haben.

Würde mir, wenn das mein Hof wäre, nie passieren. Ich vergesse nichts, das bedeutet aber auch, ich bin die ganze Zeit – nennen wir das mal »online«, angespannt, aufmerksam, merke mir alles usw. Hier wird ganz viel einfach vergessen. Und stattdessen gelebt. Und im Zweifelsfall auch mal schnell improvisiert. Das Ding ist, eigentlich ist es auch gar nicht so schlimm, dass wir keinen Mais mehr haben, nehmen wir heute halt mal was anderes, und heute Mittag muss dann jemand spontan nach X fahren, um ein paar Säcke Mais zu holen. Und die Welt geht auch nicht unter, wenn der Käse ohne Etiketten ausgeliefert wird – na, wir haben halt grad keine. Basta. Und dann liefern wir eben keinen Quark. *Tant pis.* Und es wird akzeptiert. »Ah, Sie liefern diese Woche keinen Quark? *Tant pis.* Na, dann eben nicht.«

Auf dem Hof gibt es mehrere Autos, die von allen benutzt werden können. Ich kann den AX nehmen, wenn ich vorher

Bescheid sage. Ich will andere deutsche Mädels auf einem isoliert liegenden Hof treffen und sage das, damit sich alle rechtzeitig darauf einstellen können, eine Woche vorher. »O. k. Kein Problem, klar kannst du das Auto haben.« Die Tage vergehen, an meinem »vorbestellten« Autotag höre ich morgens, dass schon jemand mit dem AX unterwegs ist, ich sage leise: »Ähm, aber ich wollte doch heute das Auto haben ...« »Ah, das war heute? Zu dumm aber auch ...« Dann wird aber blitzschnell hin und her telefoniert, und ich fahre später mit einem Nachbarn runter ins Dorf, treffe dort auf Thomas und den AX, den ich von ihm übernehmen kann, Thomas fährt später mit jemand anderem wieder hoch. Das klappt natürlich nicht auf die Sekunde genau, dazwischen liegen etwa halbstündige Wartezeiten, aber in der Sache an sich funktioniert es. Will sagen, eine Woche vorher ein Auto zu reservieren klappt vielleicht in Deutschland oder bei einer Autovermietung, für meine Familie hier ist das absolut zu früh, das haben bis dahin alle wieder vergessen. Dagegen sind sie stark im Improvisieren. Siehe oben. Das war mir eine Lehre, ich habe ab da in der Regel am Vorabend oder am Morgen selbst gesagt: »Heut will ich etwas unternehmen, kann ich das Auto haben?« Das klappte dann.

Aber so bin ich. Alles schön im Voraus geplant und organisiert, dann komme ich auch nicht ins Schleudern. Ich habe die letzten Jahre in meinem Beruf in Köln für sechs Monate im Voraus Ablauf- und Produktionspläne gemacht, manchmal sogar für ein ganzes Jahr. Gut, das hat auch nicht immer geklappt, aber so im Großen und Ganzen hat man doch einen Plan, an dem man sich orientiert. Ich würde das auch gern für uns hier machen, wenn wir zum Beispiel ein großes Fest für etwa 80 Personen im Festsaal ausrichten oder unsere herannahende Hochzeit, von der außer dem Termin und einigen Flügen noch gar nichts feststeht. Ist hier Illusion. Patrick zum Beispiel findet das Quatsch, brauchen wir doch gar nicht. Hat doch bislang immer alles geklappt. Ja, aber wir standen schon einmal da und hatten vergessen, 60 Brote aufzubacken. Ein anderes Mal hatten wir noch nicht mal die Hälfte der benötigten 150 Crêpes gebacken, als der Bürgermeister schon anfing zu sprechen. Na ja, dann muss man halt mal schnell improvisieren, »das ist doch kein Problem, Christjann!«. Mich macht das nervös. Patrick würde aber, selbst wenn ich einen Plan machen würde, schon aus lauter Gekränktheit vermutlich nicht draufkucken ... »Sei ein bisschen locker, Christjann, entspann dich ...«

Insofern ist das von mir schon sehr cool, dass ich heute, als ich dann gegen halb elf endlich im Dorf unten ankomme, erst mal ein Weilchen mit meiner Honiglieferantin plaudere, der ich über den Weg laufe, dann noch schnell Tabak für meinen 98 Jahre alten Nachbarn kaufe und mich mit der Tabakfrau ein bisschen übers Wetter und den Straßenzustand austausche, bevor ich dann in die Coopérative schlendere oder vielmehr rutsche, denn auch im Dorf unten war's glatt. Und ganz ehrlich, ich glaube, eine Französin wäre mit der Honigfrau vermutlich erst mal einen Kaffee trinken gegangen, bevor sie den Laden aufgemacht hätte! Nach diesem stressigen Weg. »Komm, wir trinken erst mal was.«

Was mir fehlt ...

Gerade habe ich auf der arte-Website kleine Filmchen entdeckt, wo Menschen, die in einem anderen Land leben, erzählen, was ihnen da so fehlt. Ein Deutscher zum Beispiel, der in Frankreich lebt, vermisst Senfgurken, Handkäse und frisch gezapftes Pils. Kann ich gut verstehen, zumindest was die Gurkenfrage angeht, denn ich liebe deutsche Cornichons, kleine feste süßsaure Gürkchen. Die passen wunderbar zu allen Sorten von *rillettes* und *pâté,* sprich den französischen Leberwurstverwandten. Unter Umständen kann ich auch größere Gurken essen, wenn sie denn fest sind. Gibt's hier nicht. Hier sind die Cornichons so sauer, dass ich schon nach dem Genuss einer einzigen Magenschmerzen kriege. Neulich habe ich bei Metro deutsche Gurken entdeckt, aber natürlich gleich ein 5-Kilo-Glas, ist ja Metro. Aber nicht nur das Glas war groß, auch die darin befindlichen Gurken, riesengroß und etwas weich, ist nicht ganz das, was ich wirklich mag, aber immerhin der Geschmack stimmte ... mir fehlen außerdem so geschmacksmäßig ganz dünnes Roggenknäckebrot und echte deutsche Gummibärchen. Hier in Frankreich sind selbst die »original« Goldbären anders gefärbt und sie schmecken auch anders. Immerhin gibt es Milka-Alpenmilch-Schokolade in einem ansonsten zartbitter dominierten Frankreich, zwar nicht immer und überall, aber selbst in Guillaumes kriege ich sie hin und wieder, bin aber wohl die einzige Kundin, ich sehe den Bestand abnehmen, genauso, wie ich die Schokolade kaufe, immer zwei Tafeln weniger.

Eine Belgierin vermisst heimische Unterhosen, die sie ein bisschen verschämt in die Kamera hält: ganz normale Unterhosen, nicht besonders sexy oder sonst wie ausgefallen. Banale Unterhosen in Weiß und Schwarz. Ich dachte, sie lebt vielleicht in Italien und da gibt es nur winzige Strings, aber nein, sie lebt in Deutschland! Ich verstehe sie nicht. Ich vermisse hier in Frankreich tatsächlich auch Unterhosen, aber ich kaufe sie mir immer, wenn ich mal wieder in Deutschland bin. Warum? Nun, ich bin nicht gerade klein und zierlich, und der französische Unterhosenmarkt verweigert sich mir. Das liegt schon als Erstes daran, dass die deutschen und französischen Größen jeweils anders heißen und anders ausfallen: deutsches 42 ist in Frankreich 44. Das ist an sich schon kränkend, aber französisches 44 heißt noch lange nicht, dass es genauso groß ist wie deutsches 42. Und um es dann ganz gemein werden zu lassen, passt nicht mal französisches 46. Manche Modelle gibt es außerdem überhaupt nur bis Größe 42. Und all das ist frustrierend. Ich habe ein paar nette Unterhosen, die ich per Katalog bestellt habe (wenn man so weit weg vom Unterhosenmarkt wohnt wie ich, greift man gern wieder zum Katalog, wie früher ...), und da ich's keinem sagen musste, habe ich sie so groß bestellt wie möglich. Und: Sie passen nicht. So kaufe ich dann doch gern jedes Mal, wenn ich in Deutschland bin, ganz entspannt hübsche und ausreichend große Unterhosen in 42.

So. Ich werde ja nun gleich heiraten. Das bedeutet, irgendwas Schickes zum Anziehen muss her. Bislang hat sich mein Kleidereinkauf in Frankreich auf H&M beschränkt, im Winter Cord-, im Sommer Leinenhosen und dazu ein paar T-Shirts. Im Winter lauf ich immer in Fleecepulli, ausgebeulten Hosen und Wanderschuhen rum. Das tun hier alle, ist also völlig o. k. Jetzt aber, *il faut s'habiller,* man muss sich in Schale werfen. Ich heirate nicht kirchlich, aber dennoch, ein feines langes Kleid oder so was in der Art hätte ich gern. Meine Lieblingsfarbe Schwarz geht nicht, ich bin ja die Braut, aber erstaunlicherweise gibt's nicht viel anderes. Und das Unterhosenphänomen gilt auch hier: Ich passe nicht in 44, nicht richtig in 46 und 48 gibt's nicht oder ist im Zweifelsfall gerade nicht vorrätig; alles, was mir wirklich gefällt, hört bei 42 auf. 42! Das ist Größe 40 in Deutschland. Mode hört bei Größe 40 auf! Ich heule in der Umkleidekabine und muss an einen Comic von Claire Brétecher denken, wo eine etwas rundliche Frau entnervt und vergeblich versucht, sich in eine Jeans zu quetschen, während ihre üppige Kabinennachbarin mit einem Miniteil verschwindet und beim Rauskommen triumphierend und lässig verkündet: Passt! Ich habe versucht etwas im Katalog zu bestellen, ist in 46 nicht vorrätig, kann in voraussichtlich vier Wochen nachgeliefert werden, das ist mir leider etwas zu spät. Wenn es nicht so knapp und so bescheuert und so teuer wäre, würde ich am liebsten noch mal nach Deutschland fliegen. Ich lebe in Südfrankreich, im Land der Mode, und ich finde nichts zum Anziehen.

Morgen versuch ich's noch mal, jetzt in sogenannten *femmes en formes*-Läden (so was wie »Starke Mode für starke Frauen« – heul) und: bei Prénatal ... drückt mir die Daumen!

Die Braut trägt Fuchsia

Et voilà les jeunes-mariés, wenn auch von »jeunes« nicht mehr so richtig die Rede sein kann. Wir sind trotzdem verliebt wie Teenager und ganz schön glücklich. Es war schön. Eigentlich dachte ich vor der Hochzeit, ich werde Ihnen schreiben, wie es wirklich war, eine wahrhaftige Hochzeitsgeschichte, eine, die nicht honigtriefend ist, sondern echt, ich werde Ihnen alles schreiben, von allen Schwierigkeiten und Krächen, und ich hab mich gefragt, warum mir eigentlich niemals vorher eine »wahre« Hochzeitsgeschichte erzählt wurde.
Eine Freundin von mir empörte sich nach der Geburt ihres ersten Kindes ganz offensichtlich traumatisiert, es habe ihr niemand vorher gesagt, dass es soo wehtäte und dass sie soo bluten würde. Und es gab Momente, da dachte ich das Gleiche, mir hat auch niemand gesagt, was für ein Scheiß das mit der Hochzeit ist und dass ich drei Tage vor der Hochzeit wütend das Auto nehmen würde, um einfach wegzufahren.

So. Nach der Hochzeit ist das wunderbarerweise alles wie weggeblasen, und hätte ich mir nicht Notizen gemacht, ich schwöre, ich wüsste gar nicht mehr, wie genervt ich war. So ist das also: Daher erzählt einem keiner, wie es wirklich ist.

Weil sich danach einfach keiner mehr erinnert und weil es vielleicht auch nicht mehr wichtig ist.

Ich erzähl es Ihnen jetzt aber trotzdem. Also, zunächst müssen Sie wissen, dass wir ja nur eine kleine Hochzeit gefeiert haben. Patrick sagte mir das entschuldigend, schon gleich nachdem er mich gefragt hatte, ob ich ihn heiraten wolle, und das war mir auch schon angesichts unserer Finanzlage völlig klar. Ich hatte auch keine festen Vorstellungen von meiner Hochzeit, glaubte eigentlich selbst gar nicht daran, dass ich mal heiraten würde. Also, ob klein, ob groß, war mir eigentlich egal. Ich heirate meinen Liebsten, das ist das Wichtigste, und basta. So. Klein heißt für mich, wir beide, die Trauzeugen und der allerengste Familienkreis, eventuell noch ein oder zwei gute Freunde. Das war im Prinzip auch so. Und im engsten Kreis waren wir grad mal 16 Personen. Aber klar ist hier auch (mir jedoch war das vorher nicht soo klar), dass wir auf jeden Fall das gesamte Dorf einladen und natürlich »ausgewählte Freunde« aus dem Tal. Da wir am Vortag der Kommunalwahl geheiratet haben, betraf das nicht nur die 25 Menschen, die das ganze Jahr über hier leben, sondern alle, die hier in die Wählerliste eingetragen sind, sogenannte Zweitwohnsitzdörfler, die zwar hier gemeldet sind und Wahlrecht haben – und somit enormen Einfluss auf das Dorfgeschehen haben und nehmen –, obwohl sie hier in der Regel nur ihre Ferien verbringen. Nun denn, das sind dann hier im Dorf so um die hundert Personen, auch wenn die vielleicht nicht alle kommen und sicher auch nicht alle den ganzen Tag bleiben werden, und dann wie gesagt noch ausgewählte Freunde aus dem Tal. Wir haben also eine beschauliche kleine Hochzeit für etwa 70 bis 120 Personen vorbereitet. Zu zweit, und wie Sie wissen, war zeitlich alles reichlich knapp.
Insofern waren wir beide dann doch auch ein bisschen an-

gespannt, zumal Patrick sich anderthalb Wochen vor dem großen Tag noch eine Fischvergiftung zugezogen hat (wir waren in Nizza superfein, aber folgenschwer Meeresfrüchte essen) und er seinen gesamten Magen- und Darminhalt eine Nacht und einen halben Tag lang aus allen Körperöffnungen von sich gegeben hat. Danach lag er noch 48 Stunden fiebrig und schwach im Dämmerzustand im Bett. Dank Antibiotikum und diverser anderer Medikamente haben wir ihn bis Ende der Woche wieder hochgepäppelt, aber er blieb ein bisschen wackelig und müde.

Die Kommentare zu meiner Hochzeitskleidung nahmen ebenfalls kein Ende, und ich dachte, wenn noch einmal einer fragt, warum ich denn kein Kleid habe, und selbst wenn es meine Schwiegermutter ist, dann erschlag ich den. Gleiches Thema: Haare. »Irgendwas musst du doch mit deinen Haaren machen.« Ich habe mich erweichen lassen und bin, nein, nicht etwa für eingeflochtene Schleifchen und Glitzersteinchen, sondern für ein paar Strähnchen, also nur für ein paar Lichtreflexe in meinem kastanienbraunen Haar, zu einer mir zwar unbekannten, aber sehr gelobten Friseurin in einer benachbarten Kleinstadt gegangen. Ich bin eine sehr unflexible und inkompatible Friseurwechslerin, ich habe nur wenig Vertrauen zu Friseuren, und ich bin schlecht in Friseurgesprächen. Das war schon in Deutschland so, daher gehe ich in der Regel nur noch zu meiner langjährigen Friseurin in Köln, selbst wenn es nur noch einmal im Jahr ist. Ich hätte es eigentlich wissen müssen, denn siehe da, ich bin absolut hellgelb erblondet wieder rausgekommen, ich war fassungslos und kreuzunglücklich. Ich hatte und habe sehr hässliche Gedanken im Kopf, wem ich so superblond jetzt ähnele, und ich konnte mich nur deshalb einigermaßen beruhigen, weil Patrick mir überzeugend versicherte, dass ich ihm in Blond gefiele.

Dann bekamen wir über Nacht schlechtes Wetter, Sturm, Regen und dann Schneesturm. Es wurde wieder richtig kalt, wo ich doch gedanklich schon im Frühling heiratete. Meine frisch eingepflanzten Primelchen verkümmerten unter verharschter Schneedecke. Schlimmer als das waren aber die Stromausfälle. Haben wir hier oft bei schlechtem Wetter, hier sind ja alle Leitungen oberirdisch verlegt, sprich, die Kabel baumeln von Mast zu Mast, und im Dorf hängen sie quer durchs Dorf von Haus zu Haus wie Weihnachtslichterketten. Wenn da auf dem langen Weg bis zur nächsten Verteilerstelle mal ein Baum ins Kabel fällt, dann hat das ganze Dorf, manchmal auch das ganze Tal, mehrere Stunden lang keinen Strom. Kein Telefon, kein Internet. Das sind wir schon gewohnt, wir haben überall Taschenlampen und Kerzen, und in der Regel geht man zu den Nachbarn was trinken und sich erkundigen, ob sie schon was Neues wissen. Nicht aber drei Tage vor der Hochzeit, wo wir mittendrin beim Essen- und Kuchen- und Tortenvorbereiten sind und die Handmixer und der Backofen auf Hochtouren laufen. Kaum ist der Strom wieder da und wir seufzen erleichtert auf, ist er auch schon wieder weg ... fünfmal dieses Spielchen, es war zum Haareraufen!

Wie gesagt, wir waren gegen Ende etwas angespannt, Patrick nach wie vor krankheitsbedingt müde und (meiner perfektionistischen Ansicht nach) noch etwas unorganisierter als üblich, der aber nun jeden, der ihm begegnete, noch schnell zur Hochzeit einlud, wo ich mich beim Einladen doch so doll beschränkt habe, weil wir ja nur eine kleine Hochzeit feiern wollten. Und der plötzlich wider alle Vernunft schnell noch im großen Stil dieses und jenes einkauft, ist ja nur einmal Hochzeit ... Ich hab mir beim Putzen der Restaurantküche (weil man bei Ankunft von Müttern und Schwiegermüttern dann urplötzlich die Küche in einem anderen Licht sieht) den Ischiasnerv eingeklemmt, bekam zudem ob all der nicht gesagten Dinge eine halbseitige Angina und bin irgendwann wütend im Auto weggerauscht. Nach zwei Stunden kam ich zurück, ich hab zwischenzeitlich wenigstens unseren Käse bei einem befreundeten Bauern abgeholt (ich bin ja organisiert, selbst im Streit), wir versöhnten uns, und weiter ging's.

Dann kamen meine Mutter und meine Patentante, die Gott sei Dank das Schmücken des Saals übernommen haben und die, da sie kein Französisch sprechen, dabei weitgehend in Ruhe gelassen wurden. Ich war schon wieder nur genervt, denn während ich nur ein paar Herzgirlanden an kleine Bäume hängte, hatte ich schon wieder alle Nachbarn um mich herumstehen, die nur sehen wollten, was ich so mache, und die wie immer alles besser wussten und sagten, wie sie es bei ihrer Taufe dekoriert hatten und warum ich die Tische nicht auch so stellen wolle, das war nämlich sehr hübsch so, und dass ich bitte ja nichts an die frisch gestrichenen Wände hänge, und es ist im Übrigen gar nicht schlimm, dass ich kein Kleid habe, es wird dann also die zweite Hochzeit hier im Dorf, bei der die Braut kein Kleid trägt ... AAARRRRGRRRRRR!

Alle Gäste kamen, alles wurde fertig, gut, ich stand am Samstagmorgen noch bis neun Uhr in der Küche, Patrick hat währenddessen noch schnell mit anderen Männern ein Zelt vor dem Saal aufgebaut, aber ich hab mich trotzdem und endlich um halb zehn ausgeklinkt aus allem, und meine Mama hat in nur anderthalb Stunden mit fliegenden Händen mein maisblondes Haar in sanfte Locken geföhnt und mich sichtbar, aber dezent geschminkt, und schon brachte mir mein Bräutigam mein Sträußchen, und wir eilten frierend in die kleine *Mairie,* das Rathaus. Ich kann mich fast an gar nichts mehr erinnern, außer dass Patrick mir noch einmal leise das Versprechen abnahm, so weiterzumachen wie bisher, dass der Bügermeister eine nette und persönliche kleine Rede hielt, ich nicht wusste, mit welchem Namen ich jetzt unterschreiben sollte, und dass wir danach mit Reis, Lavendel und Herzkonfetti beworfen wurden, in zig Kameras strahlten, meine Schwiegermutter mir das »Du« anbot und ich sehr glücklich war und es immer noch bin.

Danach gab's Champagner und Buffet und Tanz im superschön geschmückten Saal, und es war alles sehr schön, wenn ich auch sah, dass fürs Buffet ein paar Sachen in unserem Kühlschrank vergessen worden waren, und obwohl ein Großteil der Gäste uns wegen einer Wahlversammlung von besagter Kommunalwahl am frühen Abend verließ und dann auch nicht mehr wiederkam. So ging das Fest gegen elf Uhr abends ganz leise zu Ende.

So war's. Ich bin verheiratet, und es fühlt sich gut und richtig an. Und ich sage Ihnen, hätte ich mir nicht Notizen über all die Widrigkeiten vorher gemacht, ich könnte mich nicht mehr erinnern. Danach war ich nur sehr froh und sehr müde und sehr bewegt. Wir haben superviel liebe Post und Geschenke bekommen, auch von Leuten, von denen ich schon jahrelang nur noch vom Hörensagen weiß, und selbst von Leuten, die mich nicht mal persönlich, sondern nur indirekt über meinen Blog kennen, das hat mich so unglaublich gefreut und berührt, dass ich geheult hab wie schon lange nicht mehr, als ich die ganze liebe Post gelesen habe. Ich will versuchen, wenigstens ordentliche Dankeskarten zu schreiben, wenn wir es schon nicht geschafft haben, Einladungskarten zu verschicken ...

Küsschen, Küsschen ...

Als ich der Familie von Patrick erzählte, dass man sich in Deutschland keine *bises* gibt, hörte ich ein ungläubig erstauntes *Aaah boon?!* Auch nicht morgens zur Begrüßung in der Familie? Aber doch wenigstens den Eltern? Nein?! *Aaah boon?!* Unausgesprochen bleibt das, was sie denken: »Wie unhöflich!« Hier werden nämlich ständig *bises* verteilt, so scheint es mir zumindest. *Bises?* Das sind die kleinen Küsschen, die man sich in Frankreich zur Begrüßung gibt. Aber Vorsicht, so einfach ist es nicht, und ich glaube, wenn man diese Küsserei nicht bereits mit der Muttermilch aufgesogen hat, lernt man es nie. Es geben nämlich beileibe nicht alle allen Küsschen, was man als Fremder mit romantischen Frankreichvorstellungen gern mal glauben will und sich dabei »verküsst«, was in der Regel nicht wirklich schlimm ist, aber Missverständnisse hervorrufen kann.

Also, ich komme jetzt zurecht, aber am Anfang hat mich diese Küsserei ganz unruhig gemacht, zunächst wusste ich gar nicht, was ich mit dem sich mir nähernden, leicht schräg gehaltenen Kopf meines jeweiligen Gegenübers sollte. Ach so, *les bises.* Klar weiß ich, dass sich die Franzosen mit Küsschen begrüßen, mehrfach rechts, links. Oder umgekehrt. Wie oft eigentlich? Und wem jetzt? Allen? Männern? Frauen? Und wann? Zur Begrüßung? Zum Abschied? Morgens? Soweit ich verstehe, gibt man sich bei jeder ersten Begegnung am Tag *bises.* Auf dem Hof macht es zumindest Camille so. Und die Kinder werden aufgefordert, jedem ein Morgen*bisou* zu geben. Bei Agnès und Fleur hab ich den Eindruck, sie küssen je nach Tagesform, mal ja, mal nein. Und die Männer begrüßen sich eher mit einem hingeworfenen *ça va? – ça va!* Unter Männern wird auch mehr die Hand gegeben als geküsst. Bei Leuten, die auf den Hof kommen, sind es mal *bises,* mal wird die Hand geschüttelt. Ich erkenne keine Regel. Agnès sagt: »Du gibst nur der Familie *bises* und klar, den Freunden. Nicht den Fremden.« Aber für mich sind ja hier erst mal alle gleich fremd. Und da ich das Gefühl habe, mit meinem Nichtküssen irgendwie als unhöflich zu gelten, küsse ich vorsichtshalber alle und sage freundlich wer ich bin: *»Christjann, allemande, stagiaire.«* So einfach ist es aber nicht. Und Küsse sind es auch nicht. Es sind kleine in die Luft gehauchte Küsschen und allenfalls berührt man sich leicht mit der Wange. Und das bitte freihändig, man fasst sich dabei nicht an! Fremden Männern gibt man schon mal gar keine *bises.* Kein Wunder, dass ich mit meinen Schmatzern, die ich fröhlich lachend verteilte (am Anfang musste ich dabei immer lachen, weil ich das ständige Geküsse so lustig fand, auch das erzeugt Missverständnisse!), viele Männer zu mehr ermutigt habe, ich verstand gar nicht, warum die alle so hartnäckig an mir klebten.

So. Heute weiß ich das alles, ich weiß auch, dass hier in der Gegend zweimal geküsst wird, in Marseille jedoch schon dreimal. Das ist auch komisch, wenn einem jemand noch einen Kuss geben will und man hat den Kopf schon wieder abgewendet. Es gibt auch Vier-Küsser-Gegenden. Einmal war ich in Burkina Faso, und die allererste Information, die mir von der befreundeten Familie meines damaligen Freundes zugerufen wurde, war: *»Ici c'est quatre fois!«* Da ich ja nun aus dem traditionell nicht küssenden Deutschland kam, hab ich erst gar nicht verstanden, um was es ging, aber schon wurde ich beherzt viermal von der ganzen Familie beküsst, und wenn man die Mitglieder einer afrikanischen Großfamilie mit allen Cousins und Cousinen komplett alle viermal abgeküsst hat, weiß man, was man getan hat.

Nicht küssen, was meist gleichbedeutend ist mit »nicht begrüßen«, ist hier auf jeden Fall unhöflich. Wir sind hier ja nur so wenige im Dorf und im gesamten Tal, dass wir uns fast alle kennen, und da kann man nicht von ferne winkend »Hallo, guten Tag, ich hab's eilig« rufen und weitergehen. Selbst wenn ich's eilig haben sollte, Zeit zum Begrüßen muss sein. Hier geht man zu den Leuten hin und sagt: »Guten Tag«, und gibt wie gesagt *bises* oder auch die Hand und redet ein bisschen übers Wetter oder sonst was. Schnell mal eben quer durch Guillaumes, zur Apotheke, zum Spar und auf die Bank, ist selten ein echtes »Schnell mal eben«. Da wird auf einer Distanz von 100 Metern x-mal gegrüßt und geküsst und gequatscht, und oft verabredet man sich noch spontan, um »schnell« was zu trinken. Einen kleinen Kaffee oder einen *Apéro,* bevor ich wieder hochfahre. So ist das hier, alles andere ist unhöflich und wird auch nicht verstanden.

Also begrüße und küsse ich. Selbst in Situationen, in denen ich mit meinem deutschen »Nur-nicht-stören-wollen-Erziehungshintergrund« das Begrüßen und aufwendige Küssen eigentlich als störend und unhöflich empfinde: Ich komme zum Beispiel von der Coopérative heim, habe einen Sack Milchpulver für Martha, die Schäferin, im Auto und will den schnell noch hinbringen. In der Regel ist Essenzeit, das deutsche »Ich will gar nicht lang stören, ich stell's hierhin, guten Appetit auch und tschüss« geht hier nicht. Das wäre, ist schon klar, unhöflich. Tatsächlich ist es weniger unhöflich, jeden beim Essen zu unterbrechen, um *bises* zu geben, als die Küsschenrunde nicht zu machen.

So, das alles weiß ich, und dennoch gibt es noch x Situationen, wo ich zögere, unsicher bin und mich im Nachhinein frage, ob ich als Begrüßende wohl wieder unhöflich war. Unangenehm sind mir nach wie vor Menschenansammlungen, wo ich einen Teil sehr gut, einen Teil vom Sehen und viele Menschen gar nicht kenne und ich die Ankommende, sprich die Begrüßende bin. Ich habe mal irgendwo gelesen, dass Japaner beim Begrüßen in Windeseile Visitenkärtchen austauschen, um zu wissen, wer vor wem die tiefere Verbeugung zu machen hat. Ich weiß nicht, ob das überhaupt stimmt, aber ich hätte manchmal auch gern so was in der Art. Es gibt nämlich gewisse ungeschriebene Regeln bzw. eine Art Rangordnung zu befolgen. So lebe ich zwar das ganze Jahr hier, bin aber eindeutig »fremd«, fremder als die Zweitwohnsitzler zum Beispiel, auch wenn die nur ein paar Wochenenden hier verbringen, aber ich bin in »ihrem« Dorf. Wer geht da auf wen zu? Patrick findet, ich mach mir da zu viele Gedanken, mach das, wie du willst, sagt er, die Leute freuen sich, wenn du *bises* gibst, das zeigt, dass du sie magst. Nun gibt mir unser Bürgermeister *bises,* seine Frau aber nur die Hand. Klar, dass ich ihr, auch wenn ich sie sympathisch finde, keine *bises* aufdrücke.

Anderes Beispiel, heute Morgen auf dem Dorfplatz am Brunnen, kleines Schwätzchen der Dorfbewohner in der Sonne: Vier Frauen und ein Mann, ich gehe hin, sage *»bonjour«* und fange an zu küssen, da beginnt man in der Regel entweder mit dem, der am nächsten steht, netter ist es, mit der ältesten Bewohnerin zu beginnen, in diesem Fall Martha, dann Lisette, dann bin ich ein bisschen unsicher, denn mit Françoise war es bislang leicht angespannt und deutlich kusslos, weil wir im letzen Sommer Probleme mit ihrem präpubertären Sohn hatten, aber sie kam zur Hochzeit, und da gab sie mir auch Küsschen. Diese zarte Annäherung will ich jetzt nicht vermasseln, also geh ich auf sie zu, und klar sagt sie nicht Nein, aber so ganz sicher bin ich hier noch nicht. Dann Raoul, kein Problem, Küsschen rechts, links, aber dann Mélanie, die heb ich mir aus Unsicherheit bis zum Schluss auf, weil ich hoffe, dass es sich irgendwie von allein regelt. Mélanie gibt mir nämlich nur einmal im Jahr, an Neujahr, *les bises.* Da fallen sich hier aber wirklich alle um den Hals und küssen sich und rufen: *»bonne année!«*, und alle sind fröhlich, und es ist wie im Film! Sonst aber, wie gesagt, nicht, und zu unserer Hochzeit ist sie nicht gekommen, wohl aber ihr Mann, der mir wiederum immer *bises* gibt. Mélanie ist Anwältin, hat ihren Zweitwohnsitz hier, sie ist ziemlich reich und ziemlich eigen, und ich weiß nicht, ob ich mich ihr küssend nähern darf. Oder gar muss? Was tun? Ich küsse nicht. Ich lächele sie aber ganz besonders herzlich an und frag mich dennoch im Nachhinein, ob das jetzt gut war, dass ich sie so öffentlich in der Runde ausgelassen habe ...

Frühling?
Sagten Sie Frühling?

Ich weiß, man soll nicht übers Wetter schreiben, aber hier ist es sowieso immer Thema Nummer eins. Das ist vermutlich überall auf der Welt so, wo es ländlich ist und die Bauern und Schäfer vom Wetter abhängig sind, und heute muss ich es einfach tun. Es schneit nämlich. Es ist der 14. April, gestern hab ich beim Wäscheaufhängen den Kuckuck gehört und dachte: »Ah, jetzt, ja, der Frühling! Endlich.« Gestern war strahlend blauer Himmel, die Kirschbäume blühen weiß, die Vögel zwitscherten, die Sonne schien, nach einer Woche Regen waren die Farben der Natur wie frisch gewaschen, und ich habe meine Wäsche draußen aufgehängt. Ich liebe den Geruch von Wäsche, die in Wind und Sonne getrocknet ist.

Wir hatten gestern in der *Auberge* Gäste, die lang geblieben sind, danach saßen wir selbst ein bisschen in der Sonne, ich habe meinen gestrigen Artikel für meinen Blog zu Ende gebracht und dabei vergessen, die Wäsche auch wieder abzuhängen. Und heute schneit es. Es ist nicht schlimm, dass ein paar T-Shirts, eine Tischdecke und ein paar Unterhosen schneenass geworden sind, es ist auch nicht schlimm, dass ich heute wieder meine lange Unterhose angezogen hab, ich hab's nur so ein bisschen satt. Es ist seit über fünf Monaten kalt, und mir reicht's allmählich. Holz haben wir nämlich auch keins mehr. Letzte Woche haben wir in einer Hauruckaktion bei strömendem Regen noch mal einen kleinen Baum zersägt, aber den haben wir schon fast verheizt. Wir haben einen netten kleinen bullerigen Holzofen, der wunderbar heizt, wenn man ihn schön brav mit Holz füttert. Nicht, dass wir nicht auch kleine reizende Heizkörper hätten, aber Stromheizung ist teuer und die Wärme ist auch nicht vergleichbar. Holz gibt's hier umsonst und *à gogo,* man muss es nur selbst machen. Das heißt, in den Wald gehen, Bäume fällen, entasten, zersägen, zum Anhänger schleppen, in den Anhänger werfen, hochfahren, oben ausladen, eventuell noch klein hacken, stapeln und dann portionsweise reintragen und Feuerchen machen. Ich mache eigentlich ganz gern Holz, ich mag den Geruch von frisch geschlagenem Holz, und ich mag auch die körperliche Arbeit im Wald. Ich mag das nur nicht so gern im strömenden Regen, und es ist auch nicht besonders sinnvoll. Denn wenn das Holz schön trocken ist, ist es wunderbar, wenn es hingegen von Schnee und Regen durchnässt ist, raucht und qualmt es im Öfchen ganz fürchterlich, und es brennt nicht wirklich schön und wärmt auch nur bedingt. So haben wir also beschlossen, Geld in zwei Ster Eichenholz zu investieren, das uns morgen oder übermorgen gebracht wird. Wir schämen uns ein wenig, denn Holz kaufen tun hier nur die Städter, aber wir haben die Länge des Winters unterschätzt und waren im Herbst beim Holzmachen nicht richtig eichhörnchenmäßig fleißig. Das wird dieses Jahr anders!

Vorgestern waren wir bei IKEA. Das sind exakt drei Stunden Fahrt von hier, bis Toulon an der Côte d'Azur, und in der Regel machen wir diesen Ausflug einmal im Jahr. Ich wollte vor allem ein paar Frühlingsartikel und Balkonmöbel für unsere Ferienwohnungen kaufen, damit es da ein bisschen netter wird. Ich dachte, Frühling ist es zumindest vom Datum schon, also sollte alles da sein. Ha! Wer's glaubt! Frühling ist an der Côte d'Azur schon lang vorbei, erst recht, was die Warenlage bei IKEA angeht. Das ist wirklich immer unglaublich, dieser himmelweite klimatische Unterschied zwischen unseren noch rauen und windigen Bergen und der bereits lieblichen Küste, wo alles so schön blüht und wir mittags sogar draußen essen können. Ich habe an der Küste übrigens zum ersten Mal im Leben einen Pfefferbaum gesehen. Ich wusste nicht mal, wie Pfeffer so wächst, und ich dachte auch nicht, dass ich schon so weit weg bin, nämlich da, wo der Pfeffer wächst ...

Sauvage oder *Von der Schwierigkeit des Alleinseins*

Ich stehe im Ruf ein bisschen *sauvage* zu sein. *Sauvage?* Ja genau, fand ich auch komisch, ich übersetzte *sauvage* mit »wild«. Da stell ich mir so jemanden vor wie Jodie Foster in dem Film *Nell.* Ein Mensch, der in der Wildnis ohne andere Menschen aufgewachsen ist, scheu und vielleicht ein bisschen eigenartig. Aber hier ist man schon *sauvage,* wenn man manchmal gern ein bisschen alleine sein will und sich zurückzieht.
Ich bin Einzelkind, habe schon immer viel Zeit allein verbracht und lange Zeit meines Lebens allein gelebt. Ich kann gut alleine sein, ich brauche das sogar hin und wieder. Ich verbringe (vor allem in den Wintermonaten) viel meiner freien Zeit vor dem PC oder allein mit einem Buch. Aber das ist hier ungewöhnlich. Hier sind immer alle in Gruppen zusammen. Stehen zusammen, reden zusammen, essen zusammen, gehen zusammen spazieren, trinken Kaffee zusammen, spielen zusammen Karten oder im Sommer Boule. Keiner ist hier allein, und hier will auch keiner allein sein. Wieso sollte man auch allein sein wollen, wenn man doch mit Freunden zusammen sein kann?

Nun, ich bin gern mit den Leuten hier zusammen, aber manchmal habe ich auch gern ein bisschen Ruhe.
Tatsächlich bleibe ich inzwischen, wenn ich lesen will, auch bei strahlendem Sonnenschein im Haus, denn kaum bin ich draußen, komme ich nicht mehr zum Lesen, weil eine

Nachbarin vorbeikommt, sich zu mir setzt und anfängt zu plaudern, denn ich habe ja offensichtlich nichts zu tun. Oder eine andere fragt mich, ob ich nicht eine kleine Runde mit ihr und den Kindern drehen will. Nee, will ich eigentlich nicht, ich will lesen, aber das kann man hier ja nicht sagen, also klappe ich das Buch zu und hüpfe mit Lina an der Hand von Stein zu Stein. Ich mag Lina, und Lina liebt mich. Es ist schön zu sehen, was sie jetzt schon alles kann, fast freihändig auf einem Mäuerchen balancieren nämlich. Ich freue mich, aber es ist nicht das, was ich heute Vormittag in meiner freien Stunde machen wollte.

Gleiches Beispiel, anderer Ort, ich bin mit einer (deutschen) Freundin verabredet, wir wollen ein bisschen in Ruhe quatschen und treffen uns in einer Bar in Guillaumes. Großer Fehler. Denn hier kommt nun die andere Seite des »Wir gehen zum Begrüßen auf die Leute zu« zum Einsatz. Kaum sitzen wir da, als meine Freundin Martine von der anderen Straßenseite winkt, herankommt, Küsschen gibt und sagt: »Ich setz mich mal zu euch, hatte sowieso grad Lust auf einen Kaffee.« Dann folgt Jacques, der sich freut, uns zu sehen, großes Hallo, auch er setzt sich dazu. Und so wird es eine nette Runde, aber ich rede nicht mehr in Ruhe mit meiner Freundin über das, worüber wir gern reden wollten. Und sie zieht ein bisschen einen Flunsch, ich hätte doch sagen können, dass wir gern unter uns bleiben wollen! Hätte ich? Ehrlich gesagt, hätte ich nicht. Das wird hier nicht verstanden. Die ehrlich gemeinte Frage »Darf ich mich dazusetzen?« gibt es hier nicht, oder sie ist umgewandelt in ein »Ich setz mich mal dazu, ist doch o.k., oder?«. Und hier sagt man dann nicht Nein. Das hab ich zu Anfang einmal gemacht, das war ein peinlicher Moment, ein großer *faux pas*, Irritation, Unverständnis. *Aaaah booon?*

Will man unerkannt und ungestört wirklich unter sich bleiben, dann muss man ein bisschen weiter wegfahren, an einen Ort, wo man nicht bekannt ist wie ein bunter Hund. Oder sich ins Hausinnere zurückziehen. Was nicht bedeutet, dass ich dann wirklich ungestört bleibe, denn wenn ein Freund oder eine Freundin spontan den Berg raufgefahren kommt, werde ich nicht sagen: »Du, das passt mir jetzt aber nicht.« Und auch die Nachbarn kommen gern vorbei, wenn sie einen lang nicht gesehen haben, um zu kucken, ob alles in Ordnung ist und ob ich nicht Lust habe, zum *Apéro* zu kommen, alle anderen sind schon da ... »Komm, Christjann, geh ein bisschen unter Leute, das wird dir guttun, du wirst ja noch ganz *sauvage.«*

Und ich gebe zu, es ist superangenehm, dass man hier nicht vergessen wird, und es ist auch angenehm, dass ich mich im umgekehrten Fall jederzeit überall dazusetzen kann, ohne das Gefühl zu haben, nicht willkommen zu sein, immer heißt es: »Setz dich, trink was mit uns, ach komm, ein bisschen Zeit wirst du doch haben, auf ein Glas ...«

Ich kann auch bei Freunden jederzeit improvisiert reinschauen, ohne zu stören, selbst wenn sie beim Essen sind, kuckt man mich nicht genervt an, sondern ich bin im Gegenteil hochwillkommen: »Ah, Christjann, komm rein, dich haben wir ja lang nicht gesehen, wie geht's dir? Setz dich, willst du was trinken, hast du schon was gegessen? Bleib doch einen Moment, erzähl mal, gibt's was Neues?« Das finde ich ungeheuer gastfreundlich, großzügig und herzlich. Niemals mehr würde ich es wagen, die Menschen hier mit einem »Ich wäre jetzt lieber allein« vor den Kopf zu stoßen. Ich nehme mir mein »Allein-Sein« eben in kleinen Etappen, zum Beispiel gerade jetzt, während der *sieste* nach dem Essen. Das ist vielleicht der einzige, fast heilige und wirklich ungestörte Moment hier. Hier stören? Nur wenn das Haus brennt.

Missverständnisse

Als ich hier im Tal ankam, dachte ich, mein seit über zwanzig Jahren brachliegendes Schulfranzösisch sei in vier Wochen wieder aktiviert und ich spräche dann selbstredend fließend. Wie abwegig und selbstüberschätzend das war, merkte ich recht bald. Ich verstand die ersten vier Wochen nämlich so gut wie gar nichts, und Französisch sprechen konnte ich auch nicht, vor allem nicht fließend: Ich stotterte und stammelte mich so durch und war mehr als frustriert. Ich hatte überhaupt keinen Alltagswortschatz. Ich behalf und behelfe mir seitdem immer noch mit den Worten *truc* oder *machin,* also »dem Ding da«, wenn ich das Wort nicht weiß. Aber auch wenn man zwei Karteikästen Grundwortschatz Französisch beherrscht, bleibt noch genug Französisch, das man nicht kennt. Alltagsdinge wie *la cocotte minute,* der Schnellkochtopf, der aus keiner französischen Küche wegzudenken ist, zum Beispiel. Oder Ausdrücke wie »Dreikäsehoch«, der hier mit Äpfeln gemessen wird. Und selbst wenn ich *avoir un poil dans la main* mit »ein Haar in der Hand haben« übersetzen kann, was bedeutet es?* Vor allem aber gibt es keinen Karteikasten Grundwortschatz Französisch fürs Landleben. Heu, Stroh, Schubkarre, Misthaufen, Mistgabel, Gartenschlauch, Wurmkur, Rattengift, Mäusefalle, Fuchs, Hühnerstall ... nur mal als fehlende Vokabelbeispiele. Ich blieb lange Zeit eine stumme und aufmerksame Zuhörerin und Zuschauerin und versuchte Sprache, Gesten und Arbeitsabläufe zu verstehen oder mir abzukucken. Ehrlich gesagt war der Rückfall in die Sprachlosigkeit neben Frust und Enttäuschung auch ein bescheiden oder, sagen wir es ruhig, demütig machendes Erlebnis. Und dann gab es auch noch genug peinliche Momente, wo ich glaubte, etwas zu verstehen, oder versuchte, etwas zu sagen ...

Zu meinem ersten Mittagessen auf dem Hof gab es *pieds-paquets,* gefüllte Schafsmägen und Schafsfüße. Ich wunderte mich daher gar nicht, als es ein paar Tage später ein streng schmeckendes Ragout gab und man mir auf meine Nachfrage antwortete, es sei Kamel. Ich war zwar ein bisschen erstaunt, aber warum auch nicht. In Köln und vermutlich auch anderswo gibt es ja auch Pferdefleisch zu essen. Ich ließ mir auf jeden Fall nichts anmerken. Erst viel später, als es das zweite Mal Kamel gab, wagte ich zu sagen, dass ich das doch erstaunlich fände und wo man denn hier Kamelfleisch kaufen könne?! Kurzes Schweigen am Tisch, dann lautes Gelächter: »Hahaha, Christjann glaubt, wir haben *chameau* gegessen! Es ist *chamois,* Christjann!« Mir ist das peinlich, *chamois* kenne ich nun aber auch nicht. Man versucht es mir zu erklären, eine Art Reh, das hoch oben durch die Berge springt. Ich stehe auf dem Schlauch, werfe Widder, Steinbock und Ziege durcheinander, aber wie ich später im Wörterbuch nachsehe, war das, was ich gegessen hatte, weder Steinbock noch Kamel, sondern eine Gämse. Aber für mich wurde es dadurch nicht weniger exotisch, denn auch eine Gämse hatte ich vorher noch nie gegessen.

Wissen Sie, wie das Kind vom Hirsch heißt? Also auf Französisch, meine ich? Nein? Keine Sorge, ich wusste es auch nicht. In meiner ländlichen Umgebung war und bin ich aber ständig mit Tieren und ihren Kindern konfrontiert. Das Kind vom Schaf heißt *agneau.* Das Kind von der Ziege *chevreau.* Das Kind von der Kuh heißt *veau,* irgendwie war für mich klar, dass die *-eau*-Endung an die Tierbezeichnung angehängt analog und völlig logisch das Kleine des jeweiligen Tieres ist. Dass ich mich da gedanklich verhedderte, hätte mir schon beim *mouton* oder beim *cheval/chevaux* auffallen können, denn eigentlich wusste ich, dass *chevaux* nicht Fohlen, sondern mehrere Pferde sind. Tat es aber nicht. Ich komme zu einem meiner ersten Abendessen mit Patrick den Berg heraufgefahren, und drei Rehböckchen springen direkt vor meinem Auto von der einen Straßenseite zur anderen, und ein paar Kurven später habe ich das gleiche Schauspiel in umgekehrter Richtung. Anscheinend waren sie an diesem Abend etwas orientierungslos, die drei kleinen ... äh ... Rehböckchen sind kleine Hirsche, oder? Na also. Hirsch heißt *cerf,* das weiß ich nun, weil der bei uns auf dem Hof ein ebenso steter wie unbeliebter Besucher ist und nachts immer im Grünfutteracker den Kühen die Luzerne wegfrisst. Ich komme bei Patrick an, es sind noch ein paar andere Leute da, die ich nicht alle kenne und die gerade den *Apéro* einnehmen. Ich erzähle aufgeregt, dass mir gerade zweimal drei *cerveaux* vor dem Auto herumgesprungen sind. Kurzes Erstaunen bei allen Anwesenden, meine Freundin Martine prustet und spuckt ihren *Apéro* zurück ins Glas. Patrick fragt lachend nach, was mir da bitte gerade vors Auto gesprungen sei, und ich sage, schon leicht verunsichert: »Na, drei *cerveaux,* drei kleine *cerfs* eben.« »Hahahaha, der war gut, drei kleine *cerveaux,* hahahaha.« Alle lachen sich schlapp, ich ahne nur, um was es geht, bis Patrick mir erklärt, dass ich aus den kleinen Hirschen eben drei kleine Hirne gemacht habe. Alle sahen vor ihrem geistigen Auge drei Gehirne über die Straße springen und waren den ganzen Abend nicht mehr zu beruhigen. Irgendeiner fing immer wieder unversehens an zu lachen.

Ich wiederum fing einmal herzlich an zu lachen, als es gar nichts zu lachen gab. Bei einem etwas formelleren Essen auf dem Hof waren einige ältere und feinere Herrschaften da, die in irgendeinem mir sich damals nicht erschließenden Verwandtschaftsverhältnis zu den Hofleuten standen und stehen. Zu Beginn des Essens hob eine der älteren Damen ihr Glas und brachte steif und todernst einen Toast auf »die Abwesenden« aus. Ich sah *Dinner for One* vor meinem geistigen Auge, Miss Sophie, die dem abwesenden Mister Winterbottom zutrinkt, und ich fing laut an zu lachen, ich dachte wirklich, die Dame habe einen launigen Witz gemacht. Verlegenes Schweigen. Befremdete Blicke. Ich verstehe, der Trinkspruch war ganz ernst gemeint. Oh Pein! Ich versuchte, mich während des restlichen Essens möglichst unauffällig zu verhalten. Als ein paar Tage später dann jemand darauf trank, »dass unsere Frauen niemals Witwen werden«, blieb ich vorsichtshalber todernst, es klang so feierlich. Diesmal war es aber wirklich ein Witz, ein Männerwitz natürlich ...

* *avoir un poil dans la main* ist eine Umschreibung für »faul sein«. Durch das viele Nichtstun wachsen einem schon Haare in der Hand.

Pfingsten oder *Wie geht eigentlich Schwarzwälder Kirschtorte?*

So, er ist da, der Frühling, ein bisschen verhalten noch, aber es ist sonnig und warm, was allein noch kein deutliches Zeichen ist, aber alles wird langsam auch hier üppig grün, die ersten Schmetterlinge der Saison schwirren um meine eingepflanzten Blümchen, die Vögel zwitschern und bauen unter dem Dachvorsprung ihr Nest, die Kinder haben Kaulquappen aus einem Teich gefischt, der Kuckuck ruft, nachmittags beginnen die Grillen zu zirpen. Das deutlichste Zeichen aber, dass es Frühling ist, sind die Zweitwohnsitzdörfler, die über Pfingsten erstmals wieder komplett ins Dorf eingefallen sind, und mit ihnen, ich kann mir nicht verkneifen, das in einem Atemzug zu nennen, sind auch die Fliegen wieder da. Nein, ich bin sicher, es gibt da keinen ursächlichen Zusammenhang, die Fliegen sind einfach plötzlich da. Aber sie nehmen wie die Zweitwohnsitzler Besitz vom Dorf, sie sind überall, sie sind laut, sie sind lästig, und die ersten Tage denke ich immer, daran gewöhne ich mich nie. Aber irgendwann lebt man mit der Präsenz beider und auch mit all den klebrigen und ekligen Fliegenleimfängern und den anderen mehr oder weniger effektiven Fliegentötungsmitteln. Letztes Jahr hatten wir einen sehr milden Winter und alle Gigabillionen Fliegenlarven hatten überlebt, und sie sind, kaum war es ein bisschen beständig warm, wie eine der sieben biblischen Plagen über uns hereingebrochen. Alles war schwarz vor Fliegen. Kaum hatte ich einen dieser Leimfänger aufgehängt, da war er auch schon schwarz von surrenden Fliegenleibern. Um halbwegs in Ruhe draußen essen zu können, musste man sich komplett mit einem Antimückenspray einsprühen, und auch dann surrte es immer noch nur so um einen herum. Das war anstrengend. Dieses Jahr haben wir ein eher normales Fliegenausmaß, aber lästig, insbesondere zu Beginn, ist es schon.

Wir haben ordentlich gearbeitet über die Feiertage. Hier war ja schon der 8. Mai ein Feiertag. Das Ende des Zweiten Weltkriegs wird in Deutschland meines Wissens ja nicht so richtig groß gefeiert, hier hingegen schon. (Der 11. November übrigens auch. Was war noch mal am 11. November? Martinstag? Karnevalsbeginn? Weit gefehlt. Am 11. November 1918 wurde der Erste Weltkrieg mit einem Waffenstillstandsvertrag beendet, und das feiern die Franzosen auch immer noch!)
Also, mit dem Feiertag, in diesem Jahr ein Donnerstag, haben alle Franzosen eine lange Ferien-»Brücke« gehabt, und freundlicherweise wurde es ein bisschen warm, sodass wir viele überraschende Wander-, Schlaf- und Essensgäste hatten. Das Arbeiten von null auf hundert in Sekundenschnelle will organisiert sein, und wie Sie sich denken können, lässt sich Patrick gern bis zur letzten Sekunde Zeit, denn wer weiß, ob überhaupt jemand kommt, wozu sich also vorher aufregen. Während ich nervös denke, klar kommen wie immer Leute, man hätte doch schon früher mal anfangen können, dies und das vorzubereiten ... alles wie gehabt also. Die Krönung war, dass ich den Auftrag hatte, für einen Geburtstag am Sonntag eine Schwarzwälder Kirschtorte zu backen. Die Franzosen denken ja gern mal, dass wir Deutschen Schwarzwälder Kirschtorte quasi im Blut haben, und dass ich noch nie im Leben eine gemacht haben könnte, kommt ihnen gar nicht in den Sinn. Schon

eine Weile schwirrte leise das Bedürfnis nach *Gâteau Forêt Noire* durchs Dorf. Ich begann, mich mental darauf vorzubereiten, dass ich nicht mehr lang drum herumkommen würde, eine solche zu fabrizieren. Nicht umsonst habe ich das letzte Mal, als ich in Deutschland war, in einem namhaften Heidelberger Café eine Schwarzwälder Kirschtorte gegessen. Ich war superenttäuscht, sie war mit Buttercreme gemacht und ehrlich gesagt, sie schmeckte nach gar nichts. Als die Bestellung für besagte Geburtstagstorte kam, war ich innerlich bereit. So schlecht wie das, was ich in Heidelberg gegessen habe, kann ich es auch, dachte ich. Nun sollte es aber der Geburtstagskuchen für Mélanie werden, die anspruchsvolle Anwältin aus Monaco, ups, das stresst mich dann doch ein bisschen. Also haben Patrick und ich »mal eben schnell« zur Probe eine Schwarzwälder Kirschtorte gebastelt. Eigentlich ist das alles nicht so schwierig, bis auf die Sahne. Im Rezept steht nur lapidar »1 Liter Schlagsahne steif schlagen«. In Deutschland habe ich damit bislang auch noch nie ein Problem gehabt. Aber hier! Ich weiß nicht, ob Sie schon mal superfette französische Schlagsahne geschlagen haben. Das ist eine Kunst für sich, und wenn die nicht blitzschnell eiskalt in einem Eiswürfelbad geschlagen wird, ist sie zunächst lange nicht fest und dann, zack, schon Butter geworden. Nach dem ersten Liter Butter überließ ich Patrick das Sahneschlagen. Der fiel mir dann auch noch erschrocken in den Arm, als ich das Kirschwasser auf den Biskuitteig träufeln wollte. *Ah non, Christjann!* Die Franzosen mögen so starken Alkohol nicht pur! (Ich habe hier tatsächlich einen eigenartigen Ruf, weil ich anstelle des Kräutertees, den die Damen hier gern nach dem Essen zu sich nehmen, lieber einen Schnaps trinke!) Ich ließ mich also zu einem Zuckerwasser mit ein paar Tropfen Kirsch überreden. Und alles wurde gut. Die Torte wurde schön und schön hoch, sie sah ein bisschen selbst gebastelt aus, aber ich war stolz. Und sie war gut. Unsere Gäste fanden sie lecker, ich atmete auf, Franzosen sind ja essensmäßig so verwöhnt und anspruchsvoll! Das Gleiche dann also noch mal am Sonntagmorgen, ich war extrem zappelig, aber auch hier wurde alles gut, vor allem, das muss ich ehrlicherweise zugeben, weil Patrick ruhig blieb, sich erneut aufopferungsvoll des Schlagens der Sahne annahm und sie auch perfekt zwischen und vor allem um die Biskuitböden verteilte. Es gab nur Komplimente. Mein Ruf als Konditorin steht!

Jetzt ist es Montagabend, seit ein paar Stunden sind alle Gäste weg, wir atmen wieder ruhiger. Patrick steht draußen am Brunnen und plaudert mit den Nachbarn. Ich war im Wald, gleich unterhalb des Dorfes, da gibt es mittendrin eine Wiese, auf der gerade Narzissen und Schlüsselblümchen blühen, so was Schönes! Und es ist ganz still da. Das tut so gut nach fünf Tagen Dauerkommunikation. Leider ist es schon wieder ein bisschen kühl und die Sonne ist weg, aber es ist Frühling! Eine schöne Woche wünsche ich Ihnen!

Ente chouledigain zi

O. k, ich hab einen Moment gezögert, ich will ja nicht, dass es so aussieht, als würde ich mich über meinen Schatz lustig machen.

Nun ja: Vor nicht allzu langer Zeit musste ich kurzfristig nach Deutschland, meine Oma war gestorben, und ich flog zu ihrer Beerdigung. Ich hatte jedoch gerade Anzeigen in mehreren deutschen Zeitungen geschaltet und wollte Patrick, der absolut kein Deutsch und nur wenig Englisch spricht, nicht hilflos den potenziell anrufenden deutschen Gästen ausliefern. So haben wir zusammen einen kurzen deutschen Text eingeübt, den Patrick sich phonetisch aufgeschrieben und für alle Fälle neben das Telefon geklemmt hat:

Goutentack
Ente chouledigain zi
Iche sprechen kein deutch
bite roufène zi mein Frau âne
sie iste deutch
dinous mère iste
nul nul dry dry zexe arte funefeu funefeu nul noïneu ...
Tankecheune
Ofiderzène

Offenbar war es verständlich, denn ich war noch nicht mal am Flughafen angekommen, da hatte ich schon den ersten potenziellen deutschen Gast, der mich auf dem Handy anrief und der verhalten lachend sagte, er habe versucht, mit Patrick auf Deutsch weiterzusprechen, aber der habe nur stoisch wie ein Anrufbeantworter seinen Text wiederholt. In Deutschland angekommen, hatte ich eine deutsche SMS von Patrick auf dem Handy, hier sagt man übrigens nicht Handy, hier sagt man *portable:* »hiche li bidiche«. Schön, gell?!

Das Schwierigste für Patrick war übrigens, die »Fünf« auszusprechen, die in meiner Telefonnummer gleich viermal vorkommt. Als ich sah, was er sich aufgeschrieben hatte, ein unverständliches Kauderwelsch aus Konsonanten, schrieb ich ihm das deutsche »F Ü N F« daneben, damit er das Wort mal sehen konnte. Er war ganz verwirrt. Da ist ja gar kein »t« drin?! Wie hören wir uns mit unserer Sprache in französischen Ohren an, frage ich mich ...
Hiche li bi oisch!

Das Glück liegt in der Wiese

So heißt einer meiner Lieblingsfilme, in dem ein von seinem Leben angenervter Klodeckelfabrikant seine Fabrik und seine Familie verlässt und das Glück im Süden Frankreichs findet, irgendwo auf dem Land, und sein größtes Glück ist es, abends den Blick über die Wiesen streifen zu lassen. Na ja, das ist wirklich nur die allerkürzeste Zusammenfassung, es ist ein Film mit Michel Serrault, und er ist auf jeden Fall witzig und sehenswert. Heute fiel mir dieser Filmtitel ein, weil Patrick mich ja schon seit ein paar Tagen drängelt, mit ihm Pilze suchen zu gehen.

Nach dem vielen Regen und dem milden Sonnenschein müssten doch mindestens ein paar Wiesenchampignons zu finden sein. Das ist auch so ein Franzosen-Ding. Pilze suchen. Alle sind ganz heiß drauf und lauern, wer wann die ersten Pilze gefunden hat. Im Herbst ist das noch viel schlimmer. Und: Die Nachbarn haben gestern und vorgestern schon welche gefunden! Also sind wir losgestiefelt, Richtung *chez Richard*. Gut, in der Regel sagt einem niemand, wo er seine Pilze gefunden hat, das ist großes Geheimnis, aber da wir nicht von hier sind und die Nachbarn nett sind und außerdem schon genug eigene Pilze gefunden haben, geben sie schon mal einen Tipp: Schaut mal *»chez Richard«* vorbei.

Das glaubt man ja als Städter nicht, aber hier ist alles Land, soweit man nur schauen kann, der Besitz von irgendjemandem. Alle Wiesen, der Wald, verfallene Höfe mitten im

Nichts, wo man sich fragt, wie haben die das früher eigentlich gemacht, so weit weg ohne Zugangsstraßen, ohne Strom und nur mit Wasser aus der Quelle? Also, wenn man *»chez Richard«* Pilze suchen geht, sollte man, zumindest wenn man hier lebt, den Richards bzw. den heutigen Besitzern des Geländes, in unserem Fall Mireille, Bescheid sagen. Um zu hören, ob sie

einverstanden sind (in der Regel sind sie das) und um ihnen zumindest anzubieten, die eventuelle Ausbeute mit ihnen zu teilen. In der Regel wollen sie das nicht mal, aber es ist einfach netter. Auch wenn das Gelände mitten im Nichts liegt und frei zugänglich ist. Ortsfremde können sich das vielleicht ungefragt erlauben, wir nicht. Manchmal findet man mitten im Wald an einem großen Baum ein Schild *propriété privée,* das scheint bizarr, aber der Wald ist eben auch Privateigentum, und damit der Besitzer des Waldes seine Esskastanien selber einsammeln kann, muss er das schon deutlich machen. Klappt natürlich nicht immer. Auf dem Weg zu unserer vermeintlichen Pilzstelle kommen wir schon an so vielen grünen Wiesen vorbei, es ist unfassbar! Das Glück kann tatsächlich allein im Betrachten einer Wiese liegen. Ich habe mein Glück heute auch beim Betrachten und Fotografieren der kleinen und allerkleinsten Blümchen am Wegrand gefunden. Dabei kamen wir natürlich nicht so flott vorwärts, außerdem mussten wir viele wilde Bächlein und Rinnsale überspringen und lange auf matschigen Wegen balancieren, denn nach dem vielen Regen plätscherte und gluckerte es überall, aber dann sind wir da. Ein verfallener Hof, eine große steile Wiese dahinter und fette weiße Flecken auf der Wiese. Wiesenchampignons? Riesenchampignons! Unglaublich. So was habe ich noch nicht gesehen. Wir haben viele Beweisfotos gemacht und können unser Sammlerglück nicht fassen. Einer ist so groß, dass er nicht mal in meinen Korb passt. Hier geht man ja in der Regel nur schnöde mit Plastiktüten zum Pilzesammeln. Das ist vielleicht nicht so romantisch-rustikal, aber eindeutig praktischer, wie ich seit heute weiß, denn wenn man nichts findet, hat man nicht umsonst diesen sperrigen Korb mitgeschleppt, und wenn man was findet, ist der Korb am Ende ziemlich schwer. Und zurück bergauf mit einem vollen Pilzkorb ächzt es sich ganz schön. Anbei ein paar unserer Beweisfotos eines erfolgreichen Vormittags! Heute Mittag gab's natürlich schon eine fette Pilzpfanne, heute Abend vielleicht ein kleines Pilzomelett?! Haben Sie Lust vorbeizukommen?

Monsieur R.

Mein Lieblingskunde in der *Coopérative* ist Monsieur R. Monsieur R. dürfte so um die 80 Jahre alt sein, ein rüstiger, untersetzter Herr mit Baskenmütze und großem Schnurrbart, der jeden Donnerstag zum Einkaufen kommt. Er ist mein Lieblingskunde, aber nicht, weil er so viel einkauft, das tut er nämlich nicht, sondern weil er in mich verliebt ist. Und das ist rührend.

Jeden Donnerstag kommt er im Laufe des Vormittags mit seinem kleinen Auto vorgefahren, und jeden Donnerstag kauft er ausschließlich Käse. Je ein großes Stück von beiden Anbietern, denn er will niemanden im Tal bevorzugen, sagt er, und kauft daher beide Sorten Hartkäse. Gut, vielleicht isst er auch einfach gern zwei Sorten Käse, wenn es sonst schon nicht so viel Abwechslung gibt. Wobei ich den Eindruck habe, dass die älteren Leute (ist das nur hier so?) nicht so sehr an Abwechslung interessiert sind. Wenn sie einen bestimmten Käse, ein spezielles Brot oder einen Wein als gut erkannt haben, bleiben sie dabei. Jahrein, jahraus. Manchmal muss es nicht mal besonders gut sein, um dabeizubleiben. Es gibt einfach nur keine Alternative. So gab es in Guillaumes lange Zeit nur einen Bäcker, und da die Franzosen jeden Tag ihr frisches Weißbrot brauchen, hat der Bäcker jeden Tag ganz schön viel davon verkauft (immer gemessen an der Einwohnerzahl, kein Vergleich mit einer Großbäckerei in einem Pariser Innenstadtviertel oder sonst wo). Es war kein gutes Brot, da waren sich alle einig. Aber es gab keine Alternative. Jetzt gibt es einen neuen Bäcker, sein Brot ist besser, aber die Leute weinen ihrem gewohnten Geschmack nach: »Ja, es war nicht gut, aber ich hatte mich so dran gewöhnt«, hab ich sagen hören. So viel zu den Gewohnheiten. Jetzt zu Monsieur R. Jeden zweiten Donnerstag kauft er zusätzlich einen großen Sack Katzenfutter, denn er ist der Katzenpapa seines Bergdorfes. Er füttert alle herumstreunenden Katzen, die niemandem gehören. Immer gibt es in den Dörfern jemanden, der das macht. Madame O. ist leidenschaftliche Katzenmama für St. Martin, besagter Monsieur R. füttert in Péone, Nadine kümmert sich in Villetale und ein anderer Monsieur R. in St. Isidore. Und mein Patrick ist der Pate für alle Katzen und Kätzchen in unserem Dorf. Es gibt einen Haufen Katzen in jedem Dorf, und wie gesagt, alle 14 Tage kauft Monsieur R. 15 Kilo Katzenfutter. Madame O. ist noch eifriger, vielleicht hat sie auch einfach nur mehr Katzen, denn zusätzlich zu den heimatlosen Katzen, die sie füttert, gehört ihr auch ein gutes Dutzend. Sie kommt alle acht bis zehn Tage, und manchmal geht sie nicht zum Friseur, weil es Ende des Monats ist, und beides, Katzenfutter und Friseur, kann sie sich nicht leisten.

Monsieur R. also hat sich in mich verliebt. Er wartet und lässt geduldig alle Kunden vor, damit er irgendwann einen Moment mit mir allein plaudern kann. Vor allem über seine Armeezeit in Deutschland. Anscheinend hat meine blonde deutsche Anwesenheit ganz viele Erinnerungen hochkommen lassen. An Landau. An seine kleine Freundin, ein Fräulein, Karin hieß sie. Und sie sind zum Tanzen ausgegangen. 1947 war das. »Ah, und der Schwarzwald. Und kalt war es, oh, là, là! Und was für eine Kälte!« Niemals vorher oder nachher hat er wieder so gefroren wie in Deutschland 1947. Und er erinnert sich an einzelne deutsche Worte: »Gutten Tack Frollein«, strahlt er mich jedes Mal an, um dann hinzuzufügen: »Käs!«, oder »Katz!«, je nachdem, was er zu kaufen gedenkt. Einmal kam er mit einer uralten Landkarte. Ob ich ihm einzeichnen könne, wo noch mal der Schwarzwald sei?! Und ein altes dünnes und zerfleddertes Deutschbuch von 1947 hat er mitgebracht, und wir haben noch einmal die Worte »Zigaretten«, »Brot«, »Milch« und dergleichen Basisdeutsch der Nachkriegszeit zusammen »erarbeitet«. Ich komme ja nun auch aus der Ecke, in der er stationiert war. Nicht Pfalz, aber Baden. Hätte er mich nicht damals schon treffen können? Bedauerlicherweise war ich ja 1947 noch nicht geboren, sodass er sich keine gemeinsame Vergangenheit mit mir ausmalen kann. Aber dann hat er eine Idee, ein Leuchten in seinen Augen: *votre maman!* Wie alt war die 1947? Na ja, ehrlicherweise war meine Mama 1947 auch noch ein Kind, mit vermutlich rutschenden Kniestrümpfen, und kein potenzielles Frollein zum Ausgehen. Er hätte also nicht mal der *petit ami* meiner Mama sein können. Diese nicht lebbare Gedankenvergangenheit macht ihn ein bisschen traurig, sodass er erst mal in der Bar Tabac ein Gläschen Rosé trinken gehen muss. Ich trage ihm den Sack Katzenfutter in sein Auto. »Tankescheen! Bis next Mal! Auf Wiedersehen, Frollein!«

Allô ?!

Ich hasse telefonieren. Also auf Französisch. Auf Deutsch telefoniere ich gern mal, bis der Akku meines Telefons leer ist, das ist kein Problem. Aber sobald ich in der Coopérative oder in der *Auberge* ans Telefon gehen muss, krieg ich Herzrasen. Die Hälfte meines ohnehin noch unvollständigen Vokabulars hat sich bis auf Weiteres aus meinem Hirn an irgendeine andere Körperstelle zurückgezogen und rührt sich nicht. Ich bin völlig angespannt und versuche das oft nuschelige, schnelle Französisch durch den Hörer hindurch zu verstehen. Und wenn ich dann noch Ungereimtheiten einer Rechnung erklären oder eine Wegbeschreibung geben soll, no chance! Gut, in der Coopé habe ich Céline, die ich rufen kann, und zu Haus sag ich: »Ich geb Ihnen mal den *Aubergisten,* der erklärt Ihnen das«, aber wie oft bin ich allein, weil Céline erst später kommt oder freihat oder grad mal Tabak kaufen gegangen ist. Und Patrick ist auch nicht immer da, weil er zum Einkaufen gefahren ist oder weil er gerade in der Garage die Waschmaschine repariert oder sei es auch nur, weil er beim Müllwegtragen noch schnell bei den Nachbarn reingekuckt hat und da hängen geblieben ist.

Das Verwirrende beginnt schon mit der Art, wie man sich hier am Telefon meldet, in der Regel nämlich nur mit einem fragenden *»Allô?«,* sodass der Anrufer wie in einem Ratespiel fragt, wen er denn am Telefon hat, selbst wenn er die Stimme möglicherweise erkannt hat, aber man weiß

ja nie. Also er oder sie fragt: *»C'est toi, Charles?«* Und wenn es Charles ist, wovon eigentlich auszugehen ist, denn man hat ja seine Nummer gewählt, sagt der: »Ja, ich bin's, wer ist denn am Apparat?« Daraufhin sagt der Anrufer seinen Namen, und jetzt wo man sich beiderseits erkannt hat, fragt man sich *»ça va?«*. Und antwortet *»ça va«*, und dann erst geht das Gespräch los. Wenn Sie glauben, das könne man abkürzen, indem man sich einfach korrekt meldet, haben Sie sich getäuscht. In der Coopé melde ich mich jedes Mal mit *»La Coopérative, bonjour«*, aber das kann ja jeder sagen, also fragt der Anrufer nach: *»C'est la Coopé?«*, ich sage: *»Oui, Monsieur!«* Er fragt weiter: »Bist du's, Céline?« Ich sage: »Nein, es ist Christjann.« »Ah«, sagt der Anrufer, »ich dachte, es ist Céline, *bonjour, Christjann, ça va?«* Ich sage: *»Oui oui, ça va,* wer ist denn am Apparat?« Dann sagt der Anrufer: »Ich bin's, Rigaud aus St. Etienne«, daraufhin ich: *»Bonjour, Monsieur Rigaud,* wie geht's Ihnen?« Und erst dann kommen wir langsam zu dem, worum es eigentlich geht. Ganz oft und gern gefragt sind die Öffnungszeiten. Wie lange habt ihr noch auf? Schaff ich das noch, wenn ich jetzt losfahre? Und heute Mittag? Und am Sonntag?
Gleiches Spiel in der *Auberge.* Eigentlich ist es egal, ob ich mich mit *»l'Auberge«* oder *»Allô«* melde, denn selbst wenn ich mich ordentlich mit *»l'Auberge, bonsoir«* melde, wird gern als Erstes vom Anrufer gefragt, ob es die *Auberge* sei. Und ich sage dann: »Ja, Monsieur, es ist die *Auberge,* es ist die *Auberge in Châteauneuf«*, denn es gibt ja noch eine Million andere *Auberges,* und wer weiß, vielleicht wollte er gar nicht unsere?! Alles schon vorgekommen.

Wenn es in der Coopé zu kompliziert wird und ich gar nicht weiterweiß, sag ich dann so was wie: »Hören Sie, Madame, ich kümmere mich drum«, oder: »Ich werde mich informieren, Madame, wir rufen Sie dann zurück, geben

Sie mir doch bitte Ihre Telefonnummer.« Und dann hinterlasse ich Céline eine Nachricht, um was es ungefähr geht, und kritzele alles, was ich verstanden habe, auf einen Zettel, vor allem die Telefonnummer. Vor allem. Ich habe kein gutes Verhältnis zu Zahlen. Ich kann nicht gut kopfrechnen, brauche immer einen Taschenrechner. Und ich kann Wechselgeld nur richtig herausgeben, wenn ich es mir selbst vorzähle. Das war schon immer so, auch in meiner Muttersprache. Und da, wo normalerweise die Hirnzellen für französische Zahlen sitzen, habe ich einen schwarzen Fleck, oder ein Loch. Auf jeden Fall ist da nichts. Gott sei Dank gibt mir meine Kasse an, wie viel ich rausgeben soll, das zähle ich dann leise auf Deutsch aus der Kasse und sage das Endergebnis auf Französisch. Schon das ist nicht einfach für mich, weil die Franzosen ja so anders zählen. Die sagen ja nicht brav wie alle anderen: sechzig, siebzig, achtzig, neunzig, nee, die haben ja dieses »sechzig plus zehn« für siebzig oder »vier mal zwanzig plus zehn«, und das ist dann neunzig. Jaajaaa, ich weiß das. Das weiß ich schon seit der siebten Klasse. Aber ich kann's nicht. Oder sagen wir, alles ab siebzig ist schwierig für mich. Ich habe auch nach fast drei Jahren noch nicht verinnerlicht, dass *soixante-dix* schlicht und einfach siebzig heißt. Für mich heißt *soixante-dix* einfach *soixante-dix* also »sechzig-zehn«. Zum Beispiel wenn ich siebzig Cent zurückgeben soll, bin ich irritiert, dann sage ich: *»voilà, soixante-dix centimes, Madame«* (hier sagt man immer noch Centimes, auch wenn's offiziell Cent heißt), und gebe ein Fünfzig- und ein Zwanzig-Cent-Stück raus, dann ist das für mich eigentlich nicht »sechzig-zehn«, sondern »fünfzig-zwanzig«. Ich weiß nicht, ob Sie meine Verwirrung nachvollziehen können!

Alles, was ich zählen muss, zähle ich auf Deutsch, und damit meine französischen Kunden, vor allem die älteren, die da lange ein bisschen misstrauisch waren, sich nicht übers Ohr gehauen fühlen, mach ich immer kleine Häufchen, sodass sie das alles gleichzeitig mitzählen können. Am Ende kommen wir beide schließlich auf die gleiche Zahl, die ich dann wieder auf Französisch sagen kann. Die Coopé ist ja so ein kleiner Tante-Emma-Laden, bei uns kann man noch Flaschenkorken lose kaufen oder Gummiverschlüsse für Limonadenflaschen. Oder Dichtungsringe. Oder Kabelbinder.

Das alles geht ja noch, aber komplett aussetzen tut mein armes Hirn, wenn ich französische Telefonnummern verstehen soll. Hier sagt man Telefonnummern immer in Zweierpäckchen, also nullvier, dreiundneunzig, sechsundfünfzig, achtundsiebzig, siebenundneunzig. Zum Beispiel. Das sind Zahlen, die ich willkürlich gewählt habe, es ist nicht nötig, dass Sie da jetzt alle anrufen. Auf Französisch nur mal zur Veranschaulichung, ist das: *zero-quatre, quatre-vingt-treize, cinquante-six, soixante-dix-huit, quatre-vingt-dix-sept.* Da außer mir alle Menschen ihre Telefonnummer auswendig können und sie vermutlich schon tausendmal irgendwo angegeben haben, wird sie nur so runtergerattert. Könnten Sie das noch mal wiederholen, Madame? Noch schnelleres Geratter. Gut. Im stillen Kämmerlein und in Ruhe kann ich das auseinanderklamüsern. Aber nicht im Eifer des Gefechts. Ich verstehe *zero-quatre,* das habe ich raus, weil hier alle Nummern so anfangen, oder auch *zero-six* für die Mobiltelefone, aber dann *quatre, vingt, treize, cinquante, six, soixante, dix, huit, quatre, vingt, dix, sept.* In Zahlen macht das bei mir eine sehr lange Nummer 04.42013506601084201O7. Können Sie folgen? Manchmal versuche ich die verschiedenen Einzelzahlen der Zweierpäckchen untereinander zu schreiben, um sie dann später wieder korrekt zusammenzufügen, aber dann erinnere ich mich doch nicht mehr, was 4201350... bedeuten sollte, war es jetzt *quarante-deux, zero-un, trente-cinq* ... Das Zurückrufen gestaltet sich also manchmal schwierig. Denn den Namen der Dame oder des Herrn habe ich unter Umständen auch nach dreimaligem Nachfragen nur vage verstanden, und so notiere ich für Céline irgendeinen phonetischen Laut und versuche zu sagen, ob derjenige jung oder alt geklungen hat, ob ich die Stimme schon mal gehört habe oder nicht – ich hasse telefonieren!

Bio à la française / Teil 1

Heute werde ich Ihnen etwas aus dem französischen Bioleben erzählen, hab ich doch mein französisches Leben auf einem Biohof begonnen. Vorausschicken muss ich, nur mal so zum allgemeinen Verständnis, Bio steckt in Frankreich (also ganz klar, ich rede von meinem Südosteckchen Frankreichs, das ich ein bisschen kenne – vielleicht ist es in Paris ganz anders? Mag sein, weiß ich aber nicht), also, ich wiederhole, Bio steckt hier noch in den Kinderschuhen. Das war mir gar nicht so klar, weil ich ja, wie gesagt, auf diesen Biohof gestolpert bin, und da war Bio nun mal an der Tagesordnung. Wenn auch wieder sehr speziell, dazu später mehr, aber außerhalb vom Hof ist hier Bio-Wüste. Schönes Beispiel, heute Morgen: In einer dieser Kochsendungen hat ein sehr angesagter telegener Fernsehkoch Rhabarber- und Erdbeermarmelade gekocht, ich habe so halb hingehört und -gekuckt, vor allem wegen des Rhabarbers, den zumindest die Südfranzosen nicht mögen und in der Regel erst mal das Schnütchen verziehen, wenn davon die Rede ist. Mein Rhabarberstreuselkuchen stieß hier auch erst mal auf kritische Ablehnung, bis ein paar Mutige sich ans Probieren wagten. Der Koch blubberte also über seine Art, Marmelade zu kochen, und wurde dann von der Moderatorin gefragt, was es eigentlich mit Biomarmelade auf sich habe, die sei immer so teuer, sei das gerechtfertigt? Sie fragt das so, als sei Bio eine neue Frucht: Erdbeermarmelade, Kirschmarmelade, Biomarmelade ... Der

Koch schnaubt los: Bio...! Bio...! Er könne es nicht mehr hören! Er lässt sich dann doch herab zu erklären, dass es sich um Marmelade aus unbehandelten Früchten handelt, aber man merkt ihm an, ihm ist das wurscht. Er will frische Früchte, die gut riechen und gut schmecken, aber es ist ihm egal, ob die behandelt sind oder nicht. Und warum Biomarmelade teurer ist, kann er sich auch nicht erklären! Hängen bleibt bei mir, Bio ist Humbug und teuer dazu. So. Und genau das ist meines Erachtens die Einstellung der allermeisten Franzosen. Aber irgendwie verstehe ich es, denn die Franzosen sind schon sehr kritisch, oder sagen wir wählerisch, sie legen seit eh und je Wert auf gutes Essen, auf Geschmack und darauf, dass alles frisch ist. Hier sind Geschäfte und Märkte ja auch sonntags geöffnet (montags dann aber oft geschlossen). Denn hier kauft man seinen Sonntagsbraten in der Regel sonntagmorgens beim Metzger oder Geflügelhändler ein. Ach nein, sagte mir eine feine Dame auf einem Erzeugermarkt in der Nähe von Cannes, wo ich für Freunde manchmal den Käse- und Geflügelstand betreue, ach nein, die *pintade* (das ist ein Perlhuhn) sähe doch ein bisschen *triste* aus ... so richtig frisch sei die ja nicht mehr. Die *pintade* war am Vortag geschlachtet worden, viel frischer geht's kaum, und ich fand, sie sah aus wie alles tote Geflügel, an dem noch Kopf und Füße hängen. Genauso wird das hier nämlich verkauft, damit man sehen kann, wie frisch es ist! Tomaten werden hin und her gedreht, der Käse wird gedrückt, befühlt, berochen, selbst auf dem Brot wird herumgedrückt, ob die Kruste auch die Festigkeit hat, die man will, und im Zweifelsfall wird es liegen gelassen. Aber Bio? Was die *pintade* so den lieben langen Tag gepickt hat, ob die Tomaten unbehandelt sind oder ob gar das Brot mit biologisch angebautem und nicht genmanipuliertem Weizen bzw. Weizenmehl gebacken wurde, das interessiert hier niemanden.

Wer nicht auf dem Markt, sondern in den großen Supermärkten einkauft, interessiert sich dafür noch ein bisschen weniger. Wiederum kann ich es verstehen, denn schon allein die gigantische Auswahl an Fleisch, Geflügel, frischem Fisch und Krustentieren, dazu die zahlreichen Gänge mit mehr oder weniger industriell gefertigtem Käse, beeindrucken auch mich immer wieder! Hier ist so gut wie nichts Bio, aber alles so appetitlich frisch, dass mir dennoch immer das Wasser im Mund zusammenläuft. Fairerweise sollte ich sagen, dass es in den großen Supermärkten zumindest in der Gemüseabteilung doch immer irgendwo auch eine Bio-Ecke gibt, mehr aber auch nicht.
In der Coopérative haben wir letztes Jahr im Sommer in einer Ecke ein Regal mit Biolebensmitteln aufgestellt, um das Angebot von hier produziertem Käse, Honig und Eiern, die zwar kein Label haben, aber »Bio« sind, zu ergänzen (der Honig hat sogar ein Label!). Wir waren nicht sicher, ob sich außer uns selbst tatsächlich Kunden dafür finden. Und es ist ganzjährig auch nur ein kleines Grüppchen treuer und anspruchsvoller Kunden, die französisches Bio-Olivenöl dem spanischen vorziehen, auch wenn es noch mal drei Euro teurer ist. Im Sommer erleben wir dann einen kurzen ungewohnten »Boom« mit den Touristen, aber das ist auch alles. Bioläden sind in Frankreich etwa genauso oft vertreten wie IKEA-Filialen. Der nächste etwas lieblose Bioladen ist in Nizza, der nächste schöne Bioladen gar erst in Grasse. Dort sitzt auch der Zwischenhändler, und bis dahin fahren wir manchmal, um unsere Biolebensmittel abzuholen, denn beliefert werden wir erst ab einer Warenmenge von 500 Euro, das ist für uns enorm viel, dazu kommen noch die hohen Frachtkosten. Die Ware abzuholen kostet einen Vormittag Zeit, etwas mehr als eine halbe Tankfüllung Benzin und hohe Autobahngebühren, das muss man schon wirklich wollen. Wir haben

ja nur eine kleine Basisauswahl an Lebensmitteln, aber ich bin doch immer enorm stolz, dass so viele Bioprodukte aus Deutschland kommen.

Und Bio bei uns auf dem Land? Diejenigen, die hier biologisch produzieren, sind in der Regel sogenannte alternative Leute, die irgendwann hierher ins Tal gekommen sind. Viele kamen im Zuge der 68er-Bewegung, manche in den Achtzigerjahren oder noch später, zum Beispiel, wenn denn mal ein Hof zu verkaufen war.

Das Landleben der nicht alternativen Bevölkerung ist hingegen eindeutig nicht Bio. Alle haben zwar einen Garten, einen Acker, ein paar Hühner, Kaninchen, Ziegen oder auch noch mehr Vieh, und die Gespräche über Kartoffel- oder Tomatensorten und wie, wo und wann man sie am besten setzt und ob man die Tomaten doch noch ein Weilchen abdeckt, nehmen kein Ende. Aber Bio ist hier nichts. Im Gegenteil. Ein Garten muss sauber sein. Sauber heißt unkrautfrei. Und die Gärten sind hier sauber. Da wächst kein Kraut, wo es nicht hingehört, dank »Round up« und wie sie alle heißen. Ich habe so viel *désherbant carottes,* also Karottenunkrautvernichter, verkauft, das können Sie sich nicht vorstellen. Karottenunkrautvernichter?! Ja, das ist Unkrautvernichter speziell für Karotten, der alles um die Karotte abtötet, nicht aber die Karotte. Lecker, oder?

Wir haben in der Coopé eine »ethische« Auswahl an Produkten getroffen, »Round up« zum Beispiel, den aggressiven Allesvernichter, der jeden Abend in der Fernsehwerbung angepriesen wird, gibt es bei uns nicht. Und wir haben viele biologische Mittel gegen Raupen, Läuse, Milben und was sonst noch so Obst und Gemüse befallen kann. Aber diese Produkte an langjährige Standardunkrautvernichterkunden zu verkaufen, ist hier fast nicht möglich. Man redet sich den Mund fusselig, um am Ende zu hören: *»vous* *me faites rire avec votre bio«,* also sinngemäß: »Da lach ich drüber.« Gleiches gilt für Sämereien. Wir haben eine kleine Auswahl an Salat und Gemüsesamen in Bioqualität, aber das verkaufen wir in der Regel nur, wenn die anderen Tütchen gerade ausverkauft sind. Was wird hier über Europa geschimpft, weil viele der Produkte, die man jahrelang in seinen Garten streuen, pulverisieren und pumpen durfte, plötzlich verboten sind. »So ein Schwachsinn, wenn das gefährlich wäre, wäre ich schon lang tot«, muss ich mir dann anhören. Große Verzweiflung, weil das Produkt, das verhindert, dass die eingelagerten Kartoffeln keimen, ein *antigerme,* nicht mehr lieferbar ist. Angeblich ist es gefährlicher, keimende Kartoffeln zu essen, als *antigerme* zu verwenden. Sagt man mir. Aber *antigerme* ist bis auf Weiteres vom Markt genommen und es gibt noch keine Alternative.

Seit etwa einem Jahr (erst!) gibt es keine Plastiktüten mehr gratis an den Kassen. Der Trend in den Supermärkten geht zu wiederverwendbaren großen Plastiktüten im Stil der IKEA-Tüten, die für etwa einen Euro gekauft werden können. Sie sind wirklich praktisch und halten ewig. Man muss sie nur dabeihaben! Stoffbeutel gibt es hier (noch?) nicht. Das fiel mir erst auf, als mir neulich eine Leserin empfahl, Stoffbeutel zum Pilzesammeln zu nehmen. In der Coopé verkaufen wir Häkelnetze (die in der Regel nur von Touristen gekauft werden, die vom nostalgischen Charme unseres Tante-Emma-Ladens fasziniert sind) und bieten für die, die unbedingt etwas irgendwo reinpacken wollen und keinen Korb oder Ähnliches haben, unsere Verpackungskartons an. Ich hatte vorgeschlagen, die biologisch abbaubaren Maisfasertüten, die wir vorher hatten, wieder zu bestellen und sie für fünf oder zehn Cent anzubieten. Aber das ließ sich nicht verwirklichen. Dass man für so ein banales Plastiktütchen Geld zahlen soll, das sieht hier niemand ein. Lieber schimpft man über diese neuen Verordnungen und trägt seine Siebensachen maulend in der Hand bis zum Auto.

Diese Diskussionen, die ich vor etwa zwanzig Jahren in Deutschland schon mal geführt habe, ermüden mich, vor allem bin ich im Französischen nicht so eloquent, als dass ich besonders überzeugend rüberkäme. Und wer lässt sich – insbesondere hier auf dem Land – schon von einer Ausländerin etwas sagen?

Bio à la française / Teil 2

Wer immer da über das unökologische Bewusstsein Deutschlands meckert, sollte mal eine Zeit lang hier leben, dann sieht man das, was in Deutschland bereits möglich ist, wieder mit anderen Augen. Aber wir haben seit 1983, wenn ich mich recht erinnere, und dem Verhältniswahlrecht sei Dank, eine grüne Partei im Bundestag, und auch wenn wir dann doch nicht sofort alle Atomkraftwerke abgeschaltet haben und Stricken bei den Parlamentssitzungen nicht üblich geworden ist, so hat sich meines Erachtens doch allgemein im Bewusstsein in Deutschland viel getan, und vieles ist möglich geworden. Beispiel Architektur. Niedrigenergiehäuser, Sonnenkollektoren, begrünte Dächer, Brauchwasserkreislaufsysteme, ganze Siedlungen, die nach ökologischen Gesichtspunkten gebaut werden. Gibt's hier alles nicht. Hier im Süden scheint an 360 von 365 Tagen die Sonne (gut, dieses Jahr regnet es viel, aber in der Regel ist das so), und es gibt hier keine Sonnenkollektoren. Nirgends. Außer, tatatataaa: auf »meinem« Hof. Davon gleich.

In einem winzigen Nachbardorf mit einer Handvoll alter schiefer Häuschen werden gerade Sozialwohnungen gebaut. Das wird eine kleine Siedlung mit Reihenhauscharakter, die hundertprozentig aus Beton gegossen ist. Da könnte ich heulen, so hässlich sieht das aus, und so unökologisch ist es. Man hätte mit Holz oder Naturstein bauen können, wir leben immerhin in den Bergen. Früher wurden hier die Häuser ausschließlich mit Naturstein gebaut und die Dächer mit Holz gedeckt. Gut, alles eine Frage der Kosten, ein Holzdach ist heute vermutlich zu teuer, und ich weiß nichts über die Haltbarkeit und ob man es pflegen muss, und natürlich sind es »nur« Sozialwohnungen. Aber das Material, das hier heute zum Dachdecken verwendet wird, und zwar auch von denen, die sich für ihre Privathäuser vielleicht etwas anderes leisten könnten, ist Blech. Graues oder beiges Blech. Hier gibt's nur noch Häuser mit Blechdächern. Es wird Beton geklotzt und ein Blechdach draufgelegt. Wärmedämmung? Sonnenkollektoren? Ach was!

Es gibt hier im Alltag kein Bewusstsein für »Öko« oder »Bio«. Insofern ist das deutliche, auch durch das Erscheinungsbild, Sichabgrenzen der, ich sag das mal flapsig, Ökoszene, hier vielleicht auch noch ein bisschen wichtiger als anderswo, weil es sonst nicht wahrgenommen wird. Hier wird noch deutlich gezeigt, dass man »anders« denkt und »anders« ist. Als ich auf meinem ersten Dorffest mit all den langhaarigen, rastazopfigen und langbärtigen Gestalten in schlabberigen Klamotten zusammentraf, war ich fassungslos. Gibt es diese Szene immer noch? Oder schon wieder? Immer noch, weiß ich heute. Das geht von langbärtigen Joint rauchenden Zeitgenossen, die hier allerdings nicht die weltanschaulich korrekten Sandalen tragen, sondern, dem Gelände angepasst, Bergstiefel und die sich fantasievolle Holzhäuser an abgelegenen Orten bauen, bis hin zu anstrengend politisch korrekten Intellektuellen, die als Zweitbeschäftigung in ebenfalls abgelegenen Dörfern, allerdings in Nepal, Schulen bauen lassen.
Ich finde ja, man könnte sich hier vor Ort für einen Schulbus einsetzen, damit nicht alle Eltern einzeln jeden Morgen aus ihren Dörfern heruntergefahren kommen müssen, aber

Nepal ist irgendwie schicker. Ich finde auch, man könnte hier vielmehr eine der alten verfallenen, aus Natursteinen erbauten Schäferhütten wiedererrichten, wenn man schon originelle und abgelegene Touristenunterkünfte bauen will, statt einfach daneben Jurten aufzustellen, aber Jurten sind hier grad der letzte Schrei im alternativen Leben.

Das alternative Leben, das es hier gibt, läuft buchstäblich neben dem normalen Dorfleben ab. Es ist kein Miteinander, es sind vielmehr zwei Gruppen, die sich seit Jahr und Tag mehr oder weniger kritisch, von oben herab (von der einen Seite) und spöttisch-verächtlich (von der anderen Seite) beäugen. Aber hier prallen auch Welten aufeinander. Da ist einmal die superreiche, konservative Côte d'Azur vor der Haustür mit all ihrem oberflächlichen Luxus. Dann andererseits dieses verschlafene Tal mit seinen Bewohnern, wo alles noch konservativer und geradezu unbeweglich ist. Nicht umsonst ist man als naturbewegter 68er in den frühen Siebzigerjahren hier angekommen und geblieben, gerade weil es noch so unberührt, unverändert und ursprünglich war. Zurück zur wahren Natur! Man hat verlassene Bergdörfer oder Höfe besetzt und mit freiem Oberkörper Garten- und Feldarbeit gemacht. Ich habe Fotos vom Leben auf meinem Hof in den Siebzigerjahren gesehen! Hochschwangere Frauen mit freiem Bauch und nackten Brüsten, die im Garten lachend die Hacke schwingen.
Mein Hof mit seinen Bewohnern lag und liegt irgendwie mit allem in der Mitte, es war und ist dort alternativ und biologisch, 68er-mäßig, intellektuell, links-politisch, mit buddhistischen Gebetsfähnchen am Birnbaum, aber auch ein bisschen normal verschlurft. Am Anfang war das eine Landkommune, dann haben sie alle möglichen Wohn- und Lebensformen ausprobiert und verworfen, heute übrig geblieben sind eine große Familie und zusätzlich ein paar

Menschen, die in fantasievoll umbauten Wohnwagen auf dem weitläufigen Gelände mitleben.

Ich spreche mal nur von meinem Hof, weil ich den am besten kenne. Großes Thema hier, neben biologischer Landwirtschaft: Energie sparen. Ich musste mir lange Vorträge anhören, weil ich einmal den Fernseher nicht ganz ausgeschaltet habe, sondern auf Stand-by stehen ließ. Überall sind Energiesparlampen angebracht. Vor etwa vier Jahren haben sie einen Sonnenkollektor für warmes Wasser auf dem Dach installiert und sind begeistert. Das war eines der ersten Dinge, die Agnès mir in ihrer Küche zeigte: fließend warmes Wasser dank des Sonnenkollektors. Sie war so stolz, und ich habe gar nichts kapiert, weil es für mich unvorstellbar war, dass es vorher einfach gar kein fließendes Warmwasser in der Küche gab! Sie sind aber die Einzigen weit und breit, die sich einen Sonnenkollektor aufs Dach gebaut haben, und es war sehr teuer, aber sie sind absolut zufrieden mit ihrer Entscheidung. So weit, so schön. Was meines Erachtens aber an Energie verbraucht wird, weil man sich überalterter Elektroheizkörper und Kühlschränke bedient, das steht auf einem anderen Blatt. Gut, alles eine Frage des Geldes, reich ist hier niemand von den kleinen alternativen Bauern. Man wurschtelt sich so durch. Hier wird alles aufgehoben und, wenn es auseinanderfällt, leidlich repariert, um es weiterzubenutzen. Alte Föhns, Handmixer, Bügeleisen – reif fürs Museum. Das ist einerseits löblich, finde ich, weil mich diese Wegwerfgesellschaft auch annervt (zum Beispiel habe ich einen Wasserkocher entsorgt, der exakt ein Jahr gehalten hat und irreparabel ist), aber ich fand diese alten, mehrfach reparierten Dinger mit umwickeltem Kabel und Wackelkontakt nicht vertrauenerweckend, ich hatte immer das Gefühl, eine Zeitbombe in der Hand zu haben. Am Ende meines Aufenthalts hatten wir einen großen Streit, weil ich im Winter so viel Energie verbraucht hatte und sie eine horrende Stromrechnung bekommen hatten. Dazu muss man wissen, dass ich in einem Schlafsaal untergebracht war, der eine Scheune hätte sein können bzw. vorher tatsächlich eine war. Sie war zwar zum Schlafsaal umgewandelt worden, aber es war nicht vorgesehen, dass dort jemand längerfristig wohnt. Nichts war hier isoliert, der Wind zog durchs Dach und durch alle Ritzen. Durch die Ritzen im Fußboden konnte ich in die darunterliegende *fromagerie* kucken. Im Winter bei minus 15 Grad Außentemperatur wurde es selbst mit dem täglich weiter durchschmorenden Elektroheizkörper, bei dem nur noch die Hälfte der Rippen halbwegs funktionierte, tagsüber nur schlappe 10 Grad warm. Von nachts wollen wir gar nicht reden, denn da heizte ich nicht. Und tagsüber heizte ich sowieso nur, wenn ich da war, denn die Wärme hielt sich in der zugigen Unterkunft nicht. Ich hängte dicke Decken vor die nicht schließende Tür und das Fenster und ließ den Vorhang vor meinem Eckchen immer fest geschlossen. Ich schlief fast vollständig bekleidet mit allem, was ich an Skiunterwäsche aufbieten konnte. Und mit Mütze und Schal und zwei Wärmflaschen. Keiner verstand mich, so kalt ist es doch gar nicht, und du bist doch Deutsche, das musst du doch gewohnt sein. Aber sie lagen auch nicht auf einer bloßen Matratze, zehn Zentimeter über dem Boden, wo die kalte Luft von unten und außen erbarmungslos hereinkroch. Und ihr Schlafzimmerchen wurde von dem bullernden Holzofen in der darunterliegenden Küche erwärmt. Der Elektroheizkörper schmorte, wie nicht anders zu erwarten, irgendwann durch, als Ersatz bekam ich einen kleinen Heizlüfter. Zwar wurde ein nagelneuer kleiner Elektroheizkörper gekauft, den hatte ich aber nur ein paar Tage, denn dann schmorte der Heizkörper der *fromagerie* durch, und den umgehend zu ersetzen, war wichtiger, weil in der *fromagerie* immer eine gleich bleibende Temperatur herrschen muss. Für einen zweiten Heizkörper war dann kein Geld mehr da. Man versprach mir, einen der kaputten Heizkörper zeitnah zu reparieren, und bis dahin sollte ich halt den kleinen Heizlüfter nehmen. Letzten Endes wurde nie irgendwas repariert, also blies der Heizlüfter weiter tapfer warme Luft in mein Eckchen, und ich wurde zur bösen Energieverschwenderin.

Anderes Thema: Auto. Hier braucht man ein Auto. Öffentliche Verkehrsmittel gibt es nicht, wenn man von dem täglichen Bus absieht, der morgens um zehn nach sieben von Guillaumes nach Nizza fährt und um zwanzig nach vier wieder zurück. Aber schon um zu diesem Bus zu kommen und für alles andere erst recht braucht man ein Auto. Dadurch, dass alle Wege so weit sind, hat sich eine besondere Solidarität des Mitnehmens oder Mitbringens entwickelt. Wenn wir nach Nizza zum Einkaufen fahren, fragen wir, ob wir jemandem aus dem Dorf was mitbringen können. Manchmal verlängert sich dadurch unser Weg, weil wir ein Schräubchen für unseren heimwerkenden Nachbarn im Baumarkt suchen müssen. Oder wir müssen für den Sohn von Florence Turnschuhe umtauschen, irgendwo in einem Radladen in der Innenstadt. Da flucht Patrick ein bisschen, weil er es hasst, in die Innenstadt zu fahren, aber umgekehrt bringt man uns dann eben auch den Kaffee für die Espressomaschine und den geriebenen Parmesan mit, den wir vergessen hatten.

Als ich das letzte Mal in Deutschland war, hatte ich den Eindruck, alle fahren nagelneue Autos. Hier fahren fast alle nur alte Autos. Gut, die Zweitwohnsitzler aus Monaco haben große silberne Audis und nagelneue Geländewagen, aber sonst fahren hier im Dorf nur alte verbeulte Kleinwagen oder Lieferwägelchen rum. Mein Auto ist auch eine optische Schande, und, das gebe ich zu, vermutlich auch eine Umweltsünde. Aber ein neueres, besseres, kann ich mir nicht leisten, also ruiniere ich mich in Etappen beim Tanken und versuche nicht allzu sehr an den Dreck zu denken, den ich aus dem Auspuff blase. Aber immerhin, ich stelle den Motor ab, wenn ich einkaufen gehe. Wie bitte? Doch. Ich mache das. Das ist aber nicht üblich. Hier springt man mal kurz aus dem Auto, um Zigaretten, die Zeitung oder ein Brot zu holen, und lässt das Auto selbstverständlich an. Dass es dann ein bisschen länger dauert, weil so viele Leute vor einem dran sind oder weil man so viele Leute mit *bises* und *ça va* begrüßen muss, *tant pis.* Außerdem nimmt man für alle Wege das Auto. Auf dem Hof haben sie nicht verstanden, dass ich unter Umständen auch noch im Regen zur neuen *fromagerie,* die 500 Meter entfernt lag, gelaufen bin. Warum nimmst du nicht das Auto? Ich lief zur *fromagerie,* zum Garten und aufs Feld. Das waren immer ein paar Minuten Fußweg, aber eines der alten vergammelten Autos zu nehmen und mit kaputtem Auspuff röhrend durch die Landschaft zu fahren, erschien und erscheint mir abwegig. Verstanden hat das aber keiner.

Das bislang eindrucksvollste Beispiel für diese Haltung habe ich auch auf meinem Hof erlebt, allerdings nicht von einem Hofbewohner: Der Postbote kam und kommt in der Regel immer mittags. Wenn nichts zu unterschreiben ist, legt er die Post für den ganzen Hof in ein Körbchen hinter dem Haus. Dieses Körbchen ist Briefkasten für ankommende und ausgehende Post, das heißt, da liegt auch alles drin, was man ihn bittet, zum Versenden mit hinunterzunehmen. Einmal hatte der Postbote ein Einschreiben und kam zum Abliefern und Unterschreiben auf die Veranda gestiefelt, wo wir gerade wegen eines Geburtstages einen ausgedehnten *Apéro* zu uns nahmen und ihn einluden, doch einen Moment zu bleiben, ein Glas zu trinken und ein Häppchen zu essen. Das lässt man sich nicht zweimal sagen, aber gern ... und er bleibt und trinkt und isst und erzählt ... und als ich einen Moment nach hinten verschwinde, sehe und höre ich, dass sein Auto noch läuft, seit mehr als einer Dreiviertelstunde. Ich sage es ihm (es einfach auszuschalten hab ich nicht gewagt), er sagt: »Jaja, weiß ich, ich fahr ja gleich weiter, aber das muss ich euch schnell noch erzählen ...« Keiner fand das schlimm. So viel zum Umweltbewusstsein hier. Aber immer schön den Fernseher ausschalten!

Transhumance

Sie sind da, die Schafe! Seit Tagen hört man das Geläut der ankommenden Schafherden, das vom Wind hierhergeweht wird. Und fährt man morgens oder abends hier durch die Gegend und will eigentlich nur mal schnell nach Guillaumes, um ein Paket abzuholen, denn hier hoch wird ja nur im seltensten Fall was geliefert, kann es passieren, dass man sich unversehens in einer Schafherde wiederfindet.
Je nachdem, wie eilig man es hat, ist das nervig, aber da man sowieso nichts machen kann, ist es besser, einfach stehen zu bleiben, das Fenster runterzudrehen, um besser zu sehen und zu hören und das Kommende zu erwarten. Wenn man in eine ankommende Schafherde gerät, ist das in der Regel nach ein paar Minuten vorbei, weil die Schafe einen kurz überschwemmen, dabei ununterbrochen am Straßenrand grasen, leise mähmäh rufen und mit ihren Glocken bimmeln. So ziehen sie ihres Weges, schieben sich am Auto vorbei, das manchmal ein bisschen ins Wanken gerät und danach an den Seiten schön sauber gewischt ist.
Fährt man hinter einer Schafherde her, ist es ein bisschen weniger beeindruckend und dauert zudem unter Umständen sehr viel länger, weil man nur bedingt überholen kann in diesen engen kurvigen Straßen, und manchmal ist man gezwungen, kilometerlang im Schafsschritt der Herde zu folgen. Es ist auch weniger beeindruckend, weil man zwar das Bimmeln hört, aber nur die letzten Schafpopos sieht und außerdem über eine rumpelige Straße voller Schafköttel

fährt. Bei der ununterbrochenen Grasfresserei wird natürlich auch ordentlich verdaut. Ich bin letztes Jahr in den *Gorges des Daluis* auf eine riesige Schafherde gestoßen, hinter der ich kilometerlang herfahren musste, aber das war gleichwohl ein unvergessliches Erlebnis. Schafe, Schafe, soweit man schauen kann, die Straßen sind so eng und kurvig, dass die Herde sich unendlich lang und langsam fortbewegt und man sie in all den kurvigen Windungen vor sich sehen kann. Und da Schafe nichts lieber machen als grünes Gras fressen, steigen und klettern sie auf alles Felsige entlang der pittoresken Schluchtenlandschaft, um irgendwo ein Blümchen anzuknabbern. Unvergesslich schön!

Es ist die *Transhumance,* sprich Almauftrieb der Schafherden in die Alpen. Jedes Jahr Ende Juni ist das hier so. (Und Ende September geht es wieder runter.) Früher war das eine mehrtägige Wanderung der Schäfer mit ein paar Helfern und Tausenden von Schafen. Gute zwei Wochen war man beispielsweise von Hyères bis hier hoch unterwegs, morgens in aller Herrgottsfrühe oder am Abend, jeden Tag legte man etwa dreißig Kilometer zurück. Dreißig Kilometer Marsch mit einer quecksilbrigen Herde Schafe, die man zusammenhalten muss, ist ordentlich anstrengend. Geschlafen wurde in Zelten, Wohnwagen, unter freiem Himmel, und nach zwei Wochen inmitten von Schafen riecht man selbst wie ein Schafbock. Heute findet der Transport der Tiere in die Alpen ganz pragmatisch mit riesigen Transportwagen statt, auch weil der Straßenverkehr einfach so zugenommen hat, dass es praktisch nicht mehr anders machbar ist. Man geht nur noch die letzten Etappen zu Fuß. Daraus hat man hier ein folkloristisches Ereignis gemacht. Seit letztem Jahr kann man hier beim Fest der *Transhumance* Ende Juni ein paar Kilometer mit einer Herde mitlaufen und etwas vom rauen Schäferambiente erleben und ein bisschen schafwollfettgeschwängerte Landluft schnuppern. Sehr nostalgisch. Das Fest boomt, scheint den Nerv der Zeit getroffen zu haben. Es ist auch ganz klar beeindruckend, ich aber finde die einzelnen Herden, die eher unbeachtet gestern, heute, morgen oder nächste Woche kommen, viel origineller. Annie, Schäferin, Mutter von drei rotbackigen Kindern, die, mit einem Lodencape um die Schultern, wie eine Königin in ihrer wohlgeordneten Herde mitschreitet, ist eine beeindruckende Persönlichkeit.

Mich faszinieren diese vorbeiziehenden Schafherden, das leise Geräusch einer so großen Masse Tiere, ich bin jedes Mal beeindruckt, bewegt und auch gerührt. Selbst wenn die anderen Schäfer oft eher was Lautes, Grobes, Derbes haben. Sie brüllen ihren Hunden hinterher und lassen mal ein bisschen die Peitschen knallen, um zu beeindrucken. Man sieht kleine, ruhige und geordnete Schafherden, dann große, manchmal ein wenig ungeordneter und unruhiger, die an jeder möglichen Stelle ausbrechen und letztes Jahr im Vorbeigehen mal schnell die ausgestellten Blumen der Coopérative abgefressen haben. Die Schafe in den großen Herden stammen in der Regel von verschiedenen Besitzern und sind deshalb unterschiedlich gekennzeichnet oder geschoren. Manche Schafherden sind mit Ziegen gemischt und spektakulär schön, denn es laufen beispielsweise große schöne Ziegenböcke mit herrlich geschwungenen Hörnern mit, dann viele Esel, Maultiere und immer Hütehunde.

Und heute Morgen kam der dicke einäugige Pietro mit ca. 2500 Schafen an Châteauneuf vorbei, um nach Les Tourres zu ziehen.

Saison

Die Sommersaison ist hier kurz und heftig. In der Regel beginnt sie schon Ende Mai, Anfang Juni, um dann im Juli und August in voller Kraft über uns hereinzubrechen, einfach so. Plötzlich nehmen die Wanderer, die ein kühles Bier trinken wollen, und die Leute, die überraschend zum Essen vorbeikommen, kein Ende. Wir arbeiten hier eigentlich mit Reservierung, aber im Sommer ist diese Regel praktisch außer Kraft gesetzt.
Der Mai und der halbe Juni waren hier aber total verregnet, sintflutartig verregnet geradezu, sodass wir außer gelegentlichen, völlig durchweichten Wanderern, die gern etwas Warmes trinken wollten, keine Gäste hatten. Wir saßen hier und haben Däumchen gedreht, ich hab viel geschrieben, und über das lange Warten bei unendlichem Regen wurden wir träge und beinahe ein bisschen depressiv. So. Und jetzt ist sie plötzlich da, die Saison. Und wir kommen aus dem Rennen nicht mehr raus.

Am Samstag war hier Mühlenfest, da wird die alte Mühle unten am Fluss in Gang gesetzt, Mehl gemahlen, und es wird vor allem an der Mühle ausgiebig gepicknickt mit Nudelsalat und viel Rosé. Später wird hier im Dorf im alten Gemeindeofen Brot gebacken, dann ist ein kleiner Markt auf dem Dorfplatz, später mittelalterliche provenzalische Musik, und wir machen das Abendbuffet unter freiem Himmel, so das Wetter hält. Am Samstagmorgen wussten wir noch nicht, für wie viele Personen eigentlich, fünf, fünfzehn, fünfzig, ab hundert hätten wir mengenmäßig Probleme bekommen, aber es blieb bei beschaulichen sechzig. Auch weil das Wetter ein bisschen unbeständig aussah. Wir waren komplett ausgebucht, Gäste reisen ab, Gäste kommen, Zimmer müssen gemacht werden, anreisende Ortsfremde, die ein bisschen zu spät gekommen sind für die allgemeine Wanderung zur Mühle, müssen auf den rechten Weg gebracht werden, und sie wollen dann doch noch schnell drei Sandwiches, einmal Schinken mit Tomate, einmal Schinken ohne alles und ein Käsesandwich mit Salat oder nee, doch auch Tomate, eine Gruppe eher fußkranker Nichtwanderer bleibt bei uns auf der Terrasse sitzen, bestellt einen Kaffee nach dem anderen und will zudem ein bisschen unterhalten werden. Das Telefon klingelt, weil jemand eine Info zum heutigen Fest will oder wissen will, ob wir Mitte August noch für drei Personen eine Unterkunft haben, oder es ist jemand aus Patricks Familie, der launig anruft und fragt, ob wir auch schön fleißig sind. Eigentlich könnte man insbesondere für so einen Tag extra jemanden nur zum Schwätzen einstellen. Also, ich glaube, Sie wissen in der Zwischenzeit, dass ich Frankreich, die Franzosen, das Leben hier und insbesondere Patrick liebe. Insofern darf ich mal ganz gehässig schreiben, dass der Franzose an sich ein Schwätzer ist. Mann! Jeder durchreisende Gast erzählt uns gern mal sein Leben, während er für achtzig Cent ein Baguette kauft. Da ist das Paar, das nämlich eigentlich in Guadeloupe lebt, aber jetzt in Ferien ist und mit dem Wohnmobil quer durch Frankreich reist, und zufällig sind sie heute hier vorbeigekommen, und es gefiel ihnen so gut, dass sie dachten, ach, hier bleiben wir ein bisschen, und nein, jetzt ist da so ein nettes Fest, da haben wir aber Glück ... Also, fürs Schwätzen mit den Gästen müssen wir eigentlich doch niemanden einstellen, denn diesen Part übernimmt freiwillig Patrick. Aber er verliert dabei gern mal das große Ganze aus den Augen und was noch alles so zu tun ist. Und ich werde panisch. Das kennen wir schon, damit werden wir wohl auch in Zukunft leben müssen, aber es war diesmal hart an der Grenze dessen, was man bewältigen kann, für uns beide. Aber es ist dann wie immer, das Fest war gelungen, und wie chaotisch alles war und wie knapp und was dann auch tatsächlich gar nicht geklappt hat, hat vermutlich mal wieder keiner gemerkt. Nur ich hab zwischendurch erschöpft in meinen Kuchenteig für die noch zu backenden fünf Bleche Kuchen geschluchzt. Das Fest ging lang, und gegen zwei Uhr morgens hatten wir immer noch ein paar fröhlich zechende Gestalten am Tresen.

Sonntag dann großes Aufräumen, alle reisen ab, und während ich noch den Putzlappen in den Zimmern schwinge, haben wir schon wieder überraschend neue Gäste. Ein superjunges Pärchen aus Paris, das eigentlich Urlaub am Strand in Nizza geplant hatte, dann aus einer Laune heraus in die Berge gefahren ist und ein bisschen wandern will. Wir beraten Länge und Schwierigkeitsgrad der Wanderung, Kondition usw. und ich kucke auf die Schuhe: Flipflops. Ich frage: »Welche Schuhe haben Sie zum Wandern? Sportschuhe? Richtige Wanderschuhe?« »Ah, nein, nur die Flipflops.« Sie sind superenttäuscht, dass sie damit nicht wandern können. »Wirklich nicht? Nicht mal eine klitzekleine Wanderung?« Ich weiß nicht, was die Leute sich so vorstellen, in Flipflops komm ich nicht mal zu meinem Wäscheaufhängeplatz, ohne mir die Fußzehen zu verrenken oder diesen Stöpsel der Flipflops zwischen den Zehen abzureißen, denn die Wäscheleinen befinden sich auf dem Grundstück von Paulette unterhalb des Dorfes, und hier ist ja alles gleich so steil.

Wir klappen die Tische vom gestrigen Fest zusammen, denn es beginnt zu regnen, und eine Gruppe Wanderer flüchtet sich in die Auberge, um dem Regen zu entkommen und um etwas zu trinken. Wir haben noch nicht mal alles Geschirr von gestern gespült, da wollen sie dann doch gern eine Kleinigkeit essen. Aber klar, alles kein Problem. Und für abends melden sich auch noch Gäste an, es ist ein Geburtstag, ob wir da nicht was Nettes arrangieren können?

Heute ist Montag. Und es ist ruhig. Ruhe! Alle Wochenendbesucher sind weg, auch die letzten Zweitwohnsitzler, die nicht gestern Abend schon gefahren sind, sind heute Morgen verschwunden, und ich habe mein Dorf für mich allein. Für einen Moment zumindest, denn montags verirrt sich zumindest in der beginnenden Saison nur ab und zu ein Wanderer auf unsere Dorfplatzterrasse für ein Bier oder einen Kaffee, aber dann haben wir ja noch unsere zwei jungen Gäste in Flipflops, die ihr spätes Frühstück nehmen.

Ich atme ein bisschen durch, denke, ich habe den Montag mehr oder weniger gästefrei. Wäsche waschen, aufhängen und bügeln und Betten machen muss ich immer noch, aber ich habe insbesondere meine Wäscheleinen wieder für mich und muss sie nicht mit all den anderen Zweitwohnsitzhausfrauen teilen, die immer genervt sind, weil ich so viele große Wäschestücke aufhänge, und ich kann vielleicht auch mal in Ruhe selbst einen Kaffee auf der Terrasse trinken ...

Denkste! So viel hatte ich geschrieben, als der Bürgermeister reinschaute (ja, wir sind eine unabhängige Gemeinde, und wir haben einen eigenen Bürgermeister!), *»coucou,* ich bin's, wir sind zu viert, können wir was essen?«. Ich sage:

»Ähm, Patrick ist gar nicht da« (Patrick war gerade zum Einkaufen gefahren, hauptsächlich ging es um Zigaretten, aber er wollte alibimäßig noch einen Salat und dies und das und Katzenfutter besorgen), »wann wollen Sie denn kommen?« Und er sagt: »Na, wir sind schon da, eigentlich. Ach, ist ja nicht schlimm, machen Sie uns doch schnell ein Omelett, und dazu einen Salat.«
Ich weiß, dass der letzte Salat welk ist, das geht jetzt schnell, wir haben nämlich kein *chambre froide,* und ein Omelett, wie sie es hier essen, irgendeine fluffig cremige Variante, kann ich nicht. Ich kann eigentlich gar kein Omelett, weil ich nicht gern Eier esse und daher auch nur selten verwende. Urgh! Ich schlage eine Platte *Charcuterie* als *Entrée* vor und dann vielleicht Spaghetti mit *Crevetten,* was ich eigentlich sowieso für mich machen wollte, aber einer der Herrn ist gegen *Crevetten* allergisch, und der Bürgermeister kuckt ein bisschen irritiert, weil wir sonst eher *montagnard* kochen, und *Crevetten* wachsen hier ja nun nicht gerade auf den Bäumen. Ich bereite also mit fliegenden Händen erst mal die *Charcuterie* vor und versuche, Patrick auf dem Handy zu erreichen, was natürlich nicht klappt, weil das Netz hier nur an ausgewählten Stellen präsent ist. Mann! Alle vorbereiteten Essen haben wir überraschend gestern schon verbraucht, für heute, am lauen Montag, dachten wir, brauchen wir nichts, und wir haben eigentlich auch nichts mehr, und ich bin ja verdammt noch mal nicht die Köchin ... Wie ich so was hasse!

Es ist Saison. Ich werde nicht mehr viel zum Schreiben kommen in den nächsten zwei Monaten, dabei habe ich tausend Ideen im Kopf, was ich alles schreiben könnte. Ich mach mir Notizen und schreib Ihnen hinterher, wie alles war, versprochen! Ich hab noch zwei, drei fertige Textchen in der Schublade, die sende ich Ihnen als Appetithäppchen von Zeit zu Zeit (nach dem Motto: Bleiben Sie dran! Es geht gleich weiter ...) und hoffe die Sommerblogpause so zu überbrücken. Lassen Sie es sich gut gehen, genießen Sie den Sommer, die Ferien, und falls Sie hier vorbeikommen, seien Sie nachsichtig mit der nervösen Bedienung! Danke! Bis gleich!

Eine Liebesgeschichte

Ich hatte mich verliebt. Hals über Kopf. Ich sah ihn und nannte ihn Mister Spock, weil er so unverhofft in mein Leben gebeamt wurde, weil er so mager war und fast verhungert aussah, schmale Augen und riesige Ohren hat. Ein paar Tage schlichen wir umeinander herum, er mehr um mich als ich um ihn, bis er es wagte, sich mir wirklich zu nähern. Gegessen hatte er schon ein paarmal hier, hastig und wie auf der Flucht, aber er wollte nie bleiben. Nach drei Tagen jedoch, an denen er immer wieder kurz vorbeihuschte, entschloss er sich, engeren Kontakt zuzulassen, ließ sich streicheln, kraulen und sprang unverhofft auf meinen Schoß, schnurrte, drehte sich mehrfach hin und her, lag dann platt da und schlug seine kleinen Krallen in meine Knie.

Ich sah Patrick an, und wir wussten, wir haben ab sofort ein Katzenkind, oder besser: einen etwas verwilderten Katzenteenager. Mister Spock blieb und ging an besagtem Tag abends wie selbstverständlich mit uns nach oben in unser Zimmer, wo ich ihm in Windeseile in einem alten Weidenkorb ein Nest baute, das er aber geflissentlich ignorierte und sich mit größter Selbstverständlichkeit auf unser Bett legte. Ich trug ihn etwa fünfzehnmal wieder in seinen Korb, danach schlief ich ein, und am Morgen lag Mister Spock natürlich in unserem Bett.

Wie Sie wissen, bin ich ja eigentlich gegen Katzen allergisch und wollte Mister Spock zwar gern adoptieren, aber im

Bett wollte ich ihn nicht haben. Aber das habe ich nicht zu entscheiden, wie ich inzwischen begriffen habe. Und eines ist mir jetzt auch klar geworden: Nicht wir haben Spock adoptiert, sondern er uns.

Er war unglaublich schmusig, weckte uns mit schnurrenden Nasenstupsern, leider schon gegen vier Uhr morgens, aber ich war so verliebt, dass ich ihm gar nichts übel nahm. Ich ließ ihn raus und wieder rein, wenn er miaute. Tagsüber legte er sich abwechselnd auf alle Stühle der Terrasse und schlief, wenn er nicht gerade Unmengen von Fleisch oder Fisch oder auch nur Trockenfutter vertilgte. Und wir dachten, er erhole sich von all seinen uns unbekannten Katzenabenteuern. Eines Abends aber war er verschwunden und kam nicht wieder, wir sind noch um ein Uhr morgens draußen suchend und rufend herumgelaufen, kein Spock.

Am nächsten Morgen keine Katzenküsschen, kein Schnurren, kein Spock. Ich war so traurig. Zum ersten Mal hatte ich mich wirklich in eine Katze verliebt, sie hatte sich in Sekundenbruchteilen in mein Herz gebeamt, und jetzt war sie wieder weg.

Am übernächsten Tag kein Spock, am überübernächsten Tag auch nicht. Patrick sagte tröstend: »Katzen machen, was sie wollen, und sie war vielleicht nur auf der Durchreise bei uns.« So wie die Brieftaube, die ein paar Tage bzw. Nächte auf unserem Fensterbrett geschlafen hatte. Wer weiß das schon.

Ich war traurig und drauf und dran, ein hinreißendes kleines Katzenbaby, rot getigert mit grünen Augen, von einem benachbarten Hof zu nehmen, weil ich jetzt irgendwie eine Katze haben wollte. Wenn Spock nicht wiederkäme, versteht sich.

Und eines Morgens kam Carine mit Spock im Arm zu uns, er hatte auf dem Parkplatz unter ihrem Auto gelegen und miaut. Er war schon wieder so mager und futterte alles, was wir ihm gaben, gehetzt und ängstlich in Windeseile weg. Ich war froh und auch irritiert, warum hatte er den Weg nicht von allein gefunden? Den ganzen Tag war er wieder ganz scheu, ging dann aber abends ohne Zögern mit uns nach oben. Und jetzt war er auch wieder der schmusigste Kater der Welt, in unserem Bett natürlich. Als wäre er nie weg gewesen. Und in unserer großen Liebe küssten wir uns, er legte sich auf meinen Hals, schnurrte und schmuste, und ich hatte den Eindruck, am liebsten wäre er in mich hineingekrochen. Am nächsten Morgen hatte ich rote juckende Quaddeln auf Backe und Hals und ein verquollenes Auge. Aber es war zu spät. Ich war so verliebt. Spock bleibt. Und vermutlich habe ich sowieso nichts zu entscheiden in dieser Sache. Ich nehme jetzt eben Antihistaminikum und versuche mir den schmusigen Spock im wahrsten Sinne des Wortes vom Hals zu halten, wo er nämlich leider am liebsten liegt.

Patrick sah Spock an und sagte: »Ich glaube, das ist kein Kater, das ist ein Kätzchen, und ich glaube, sie wird uns Babys machen«, denn trotz der Magerkeit hat Spock ein hübsches rundes Bäuchlein. Also haben wir Spock in *Caline* umbenannt, also die Zärtliche oder Schmusige, denn das ist sie, oh Mann, ich bin echt verknallt!

Wir hatten ein sehr bewegtes Wochenende, unter anderem einen großen Geburtstag auf der Terrasse der *Auberge,* die Gäste hatten zwei Hunde. Caline fand keinen freien Stuhl zum Schlafen und die Hunde taten ein Übriges. Sie verschwand. Nicht schon wieder!

Aber siehe da, spätabends ein kleines *miau,* und wer

schleicht um die Ecke? Caline! Gott, bin ich froh! Sie kommt wieder! Auch wenn sie ihren Tag woanders verbringt. Und eben ist sie mit Patrick schon nach oben gegangen und ich werde ihnen folgen. Wir haben keine Gäste heute Abend, und wir sind sehr müde!

... die Deutschen flirten sehr subtil
... Männer, Frauen, Traditionen

Heute Morgen habe ich beim Aufräumen eine alte CD von »Wir sind Helden« wiederentdeckt, aufgelegt, und ich musste lachen, als ich das Lied von der kleinen Französin Aurélie hörte, die enttäuscht ist, weil sie in Berlin von keinem der deutschen Jungs angemacht wird. Das Lied verstehe ich erst heute richtig. Denn der französische Mann ist traditionell mehr oder weniger machomännlich und meistens charmant und per se *un dragueur,* ein Anmacher. Zumindest, wenn er eine Frau alleine sieht. Eine Frau alleine, sprich ohne männliche Begleitung, muss wenigstens angesprochen, wenn nicht sogar angemacht werden. Zwei Frauen allein übrigens auch, selbst wenn die sich vielleicht alles andere als allein fühlen mögen, so etwas fordert einfach die männliche Eitelkeit heraus. »Naa, ganz alleine da?«, ist hier tatsächlich erlaubt zu fragen. Und wird auch gefragt.

Ich war das nicht gewohnt. In Deutschland hat mich niemals ein deutscher Mann so forsch angemacht. Ich gehe so weit zu sagen, der deutsche Mann macht nicht an. Die deutsche Frau mag das in der Regel auch nicht. Passt also irgendwie. Wir finden trotzdem manchmal zusammen. Ich weiß auch nicht, wie. Ich war tatsächlich ein bisschen hilflos, Patrick zu erklären, wie Deutsche sich annähern, ohne dass Mann massiv baggert. Es ist wohl, wie es in einer Liedzeile bei »Wir sind Helden« heißt, »ein etwas subtileres Flirten«. Hier ist das anders, und es geht hier eigentlich den lieben langen Tag nur um eines: Männer und Frauen. Und wie und wann und wo Männer Frauen anmachen. Nämlich immer und überall. Der französische Mann findet im Alltag jederzeit eine Gelegenheit zur Kontaktaufnahme mit dem anderen Geschlecht. Bauarbeiter pfeifen hier tatsächlich noch einer Frau hinterher oder rufen vom Baugerüst herunter. Auch aus dem fahrenden Auto kann man rufen oder pfeifen oder hupen oder auch nur die Lichthupe betätigen. Und dass man im Supermarkt an der Kasse in der Schlange stumm hintereinandersteht, kommt so gut wie nicht vor. Da wird geplaudert und gescherzt und gelächelt. »Oh, là, là«, heißt es etwa, »da gibt's heut aber was Leckeres, kochen Sie das, Mademoiselle? Darf ich auch kommen? Ah, Sie sind schon vergeben?! Das ist aber schade, der hat aber Glück, ihr Mann ...« Oder: »Ah, Mademoiselle, ich lasse Sie mal vor, ich sehe, Sie haben es eilig, und so einer schönen Frau tut man doch gern einen Gefallen.«

Das letzte Mal, als ich in Deutschland im rumpelnden Zug beim Gehen ins Wanken kam, sah der Mann, auf den ich beinahe gefallen wäre, mich nicht etwa charmant lächelnd, sondern nur äußerst genervt an.

In Frankreich in vergleichbarer Situation würde jeder Mann jeder Frau, ganz gleich ob er oder sie alt oder jung ist oder dick oder dünn, lachend etwas sagen wie: »Oh, là, là, nicht so stürmisch, Mademoiselle«, oder Ähnliches. In Deutschland fände ich das alles plump und aufdringlich. In Frankreich scherzen die Frauen zurück, und auch ich finde das hier irgendwie charmant, nett und inzwischen ganz normal.

Ich hatte aber große Anlaufschwierigkeiten bei diesem Thema. Dass ich mich bei der leidigen Küsschenfrage vertan hatte, habe ich ja schon erzählt. Es gilt: Keine *bises* an fremde Männer! Und ebenso: Kein Lächeln an fremde Männer und auch kein etwas zu langer Blick, bitte! Sonst hat man ihn gleich an der Backe. Gut, wenn Frau das will, o. k. Aber als ich bei meinem ersten Dorffest zur Abschätzung der Lage meine kurzsichtigen Augen über den Platz schweifen ließ, war das schon etwas zu lang und schon ein Blick zu viel. Schwups, steht irgendwer, der sich gemeint fühlte, neben mir, gibt mir ein Bier aus, und wir reden ein bisschen. Für mich, braves deutsches Mädchen, war das schon mal erstaunlich, wie schnell das hier geht, aber es war auch erst mal ganz o. k. so. Wir trinken ein Bier, wir reden. Meine neue Bekanntschaft wird dann irgendwann einsilbig, ein bisschen unwillig, und er lässt mich alsbald stehen. Ich erkenne, ich hab ihn irgendwie verstimmt, aber warum, verstehe ich nicht. Das passiert mir am gleichen Abend noch mal, danach halte ich mich gesprächsmäßig lieber an den verheirateten Bruder einer Freundin, denke, da kann ich nicht so viel falsch machen. Wir albern lustig herum in einem Kauderwelsch aus Englisch und Französisch, ich lache viel, und es ist immer noch lustig, als wir gegen Morgen zu sechst in einem winzigen Auto heimfahren. Aber dann kriecht er plötzlich auf meine Matratze, und ich bin schockiert. Ich werde ihn nur mit Mühe los, er ist sauer. Ich habe ihn den ganzen Abend angemacht, und jetzt wolle ich nicht?! Ich versteh's nicht. Ich habe ihn angemacht?

Ich beobachte ab sofort mein Umfeld genauer und sehe: Es gibt Männerwelten und Frauenwelten. Man bleibt immer schön unter sich und hat getrennte Gesprächskreise. Männer reden mit Männern. Frauen mit Frauen. Ich spüre plötzlich, dass ich, wenn die Männer von meinem Hof auf dem Plätzchen zwischen den Häusern ein Bier zusammen trinken und ich mich dazustelle, gar nicht wirklich erwünscht bin, auch wenn es keiner so deutlich sagt. Bei den langen Gesprächen nach dem Essen teilen sich plötzlich die Lager, und ich sitze allein bei den Männern, weil ich ihre Themen oft spannender finde, aber ich komme nicht in das Gespräch rein. Denn: Es wird gar nicht gewünscht. Männer bleiben unter sich und Frauen ebenso. Langsam wird mir klar, wenn es Gespräche zwischen Männern und Frauen gibt, dann haben die hier nur ein Ziel: Sie dienen der Kontaktaufnahme für »mehr«. Wenn ich mit einem Mann eine ganze Weile fröhlich lachend plaudere, völlig wurscht, ob es der verheiratete Bruder einer Freundin oder der unverheiratete Nachbar ist, dann ist das quasi das Zeichen für ein nachfolgendes *tête-à-tête.* So was geht schnell hier. Und da höre ich wieder sentimental den Refrain von »Wir sind Helden«: »Ach Aurélie, in Deutschland braucht die Liebe Zeit, hier ist man nach Tagen erst zum ersten Schritt bereit, die ersten Wochen wird gesprochen ...« Genau! So ist das in meiner Welt zwischen Männern und Frauen. Ich bin aber in Südfrankreich. Und hier hat man keine Zeit zu verlieren. Hier wird kurz gelächelt, ein bisschen geplaudert und dann, zack, geht es rein ins Bett. Ob daraus was wird, sehen wir später, aber das haben wir schon mal mitgenommen.

Bars gehören zum Beispiel zur Männerwelt. Und Frauen gehen nicht alleine in eine Bar. Bars heißen hier die kleinen neonlichterleuchteten Kneipen, wo quasi zu jeder Tages- und Nachtzeit ein paar Männer am Tresen lehnen und ein Gläschen Wein oder *Pastis* oder manchmal auch einen Kaffee trinken, je nach Tageszeit eben. Wie gesagt, Männer. Frauen gehen, ich wiederhole, nicht alleine in eine Bar und wenn doch, so ist das, insbesondere, wenn sie sich an den Tresen stellen, eine offene Einladung zur Annäherung und das wissen sie in der Regel auch. Die französischen Frauen zumindest. Zwei Frauen am Tisch sind beinahe eine Einladung, Mann gibt ihnen dann gern mal einen aus, um einen Grund zu haben, sich dazuzusetzen. Das eine oder das andere oder beides abzulehnen, geht so gut wie nicht, also ist

es einfacher, die Situationen an sich zu meiden. Das sind alles hart erarbeitete Erfahrungswerte, das hat mir niemand gesagt. Aber wenn man richtig hinkuckt, sieht man tatsächlich nur sehr wenige Frauen in Bars, und die sind meistens in männlicher Begleitung.
Ist frau aus welchen Gründen auch immer ohne männliche Begleitung in einer Bar, dann bezahlt sie häufig nichts. Denn die anwesenden Männer geben ihr ganz traditionell einen aus. Entweder fragen sie, kaum ist man reingekommen: »Was willst du trinken?« Oder sie warten, bis wir ausgetrunken haben, um uns sofort etwas Neues zum Trinken anzubieten, oder sie bezahlen das Glas, das wir gerade bestellt haben, stillschweigend mit und bekommen von uns ein reizendes Lächeln als Dank. Vielleicht plaudern wir auch einen Moment mit ihnen, und wer weiß, vielleicht ergibt sich was ... Der französische Mann ist auf jeden Fall pfadfindermäßig allzeit bereit. Auf die Art kann man als Frau billig einen Abend verbringen. Besonders freitags. Das Ende der Arbeitswoche ist hier traditionell ein Männerkneipenabend. Freitags versacken gern auch mal die bravsten Familienväter. Freitags sind die Kneipen voll, und dieses »Ich geb dir einen aus«-Spielchen, wo jeder jedem eine Runde spendiert, hört freitagabends nie auf. Wenn man als Frau aus irgendwelchen Gründen freitags zwischen diese Männer gerät, kann man sich vor ausgegebenem Bier und Wein und wasweißichnoch nicht retten, hat aber auch, wenn man nicht definitiv zu einem der Männer gehört, immer mal schwere Arme vertraulich auf seinen Schultern liegen. Und mehr als ein Angebot für die Nacht, aber vielleicht ist es auch das, was frau sucht.

Heute weiß ich, dass Patrick mich ganz klassisch angemacht hat, als ich allein in sein Restaurant gestiefelt bin. Hier geht man ja nicht allein essen, das hab ich ja schon mal erklärt, alle sind immer in Gruppen unterwegs. Und frau alleine im Restaurant ist nicht weit entfernt von frau alleine in Bar. Siehe oben. Patrick hat sich also erst mal ganz kommerziell charmant um die alleine essende Frau gekümmert und mich ein bisschen später ganz klassisch angemacht, und er hatte leichtes Spiel mit mir, denn ich hab's nicht mal gemerkt, da ich ja trotz alledem so anmachunerfahren geblieben bin. Ich dachte nur: »Oh, ist der aber charmant«, und: »Oh, was sagt der so nette Sachen ...« Und schon war's geschehen. Ist ja aber gut ausgegangen!

Meine Lieblingsfrage

Meine Lieblingsfrage, von unseren Gästen oder auch von durchreisenden Touristen vor allem im Sommer oft gestellt, ist: »Sie leben wirklich das ganze Jahr hier? Was machen Sie denn hier das ganze Jahr?« Oder auch nur: »Was machen Sie denn im Winter?« Sehr nett fand ich auch die Frage von einem Paar, das glaubte, uns mit seiner Anwesenheit den Abend gerettet zu haben: »Was hätten Sie denn getan, wenn wir heute Abend nicht gekommen wären?« »Was machen SIE denn so abends allein zu zweit?«, würde ich dann immer gern zurückfragen. Oder auch: »Was machen SIE denn eigentlich so das ganze Jahr?« Ich verstehe sie ja. Es ist die Frage, die man sich immer stellt, wenn man von der nervösen, lauten und vor Aktivität vibrierenden Stadt aufs Land kommt, insbesondere wenn das Land so einsam ländlich ist wie hier, wo im herkömmlichen Sinne »nichts« ist. »Wie kann man denn hier leben?« und: »Von was leben die Leute hier?«, fragt man sich da. Ich habe die Fragen schon so oft gehört, dass ich manchmal nur noch kurz antworten möchte: »Na, wir leben hier einfach. Punkt. Basta.« Aber gut, ich will einmal versuchen zu erklären, wie es ist, das Leben hier.

Sie haben natürlich recht mit der Frage, denn das Leben hier ist anders als das in Köln, Hannover oder Regensburg und auch anders als in Paris oder Lyon. Aber tatsächlich arbeiten wir trotzdem das ganze Jahr über, sofern wir Gäste haben, wie zum Beispiel gerade Sie. Auch wenn das für Sie gar nicht so doll nach Arbeit aussieht, weil es so alltäglich wirkt.

Und natürlich gibt es hier in der Gegend keine Arbeit für hoch qualifizierte Physiker oder Luftfahrttechniker, aber die Menschen, die hier leben wollen, freunden sich pragmatisch mit den Arbeiten an, die es hier gibt und die gebraucht werden, mancher versucht auch, etwas Neues zu integrieren. So gibt es hier jetzt eine Imkerin, die es vorher nicht gab. Oder eine *coiffeuse à domicile,* also eine Friseurin, die zu den Leuten nach Hause kommt, was hier von den immobilen älteren Personen sehr geschätzt wird.

Die anderen arbeiten dort, wo es Arbeit gibt, wie die Leute vom Straßendienst und die Waldarbeiter. Manche Jungs arbeiten im Winter als Skilehrer und im Sommer als Bergführer. Dann gibt es jede Menge klassische Berufe, natürlich gibt es nur eine Lehrerin, einen Arzt und eine Apothekerin, aber die gibt es. Es gibt die Friseurin, die Mädels vom Sozialdienst, die Krankenschwestern, die Briefträger, den Bäcker, mehrere Tante-Emma-Laden-Besitzer und Kneipenwirte, die Servicekräfte für die Bars, Restaurants und Hotels, die Putzfrauen, die Busfahrer, Sekretärinnen, Verkäuferinnen ... Das alles gibt es hier, und alle arbeiten während des ganzen Jahres. Und die Bauern oder Schäfer, die es selbstverständlich auch hier gibt, arbeiten erst recht das ganze Jahr. Tatsächlich arbeiten wir, die wir im Tourismus und Handel tätig sind, im Winter sehr viel weniger als im Sommer, das kann sich bei ordentlichen Schneeverhältnissen aber auch ganz plötzlich ändern. Und wir verdienen ganz bestimmt auch viel weniger als Sie, aber das macht nichts, wir brauchen auch viel weniger. Außer dem immer teurer werdenden Benzin fürs Auto, das wir schon allein deshalb haben müssen, um zum Einkaufen von unserem Berg runterzukommen.

Aber das heißt nun auch nicht, dass wir im Winter nichts zu tun hätten. Das Leben ist hier tatsächlich anders und vor allem im Herbst und Winter deutlich ruhiger, langsamer und sicher viel rauer als bei Ihnen. Hier wird ja noch ganz viel selbst gemacht. »Holz machen«, zum Beispiel, was wir für die Heizperiode dieses Winters dringend noch erledigen müssen, das schafft man nicht an einem Nachmittag. Im Herbst ernten wir unter anderem Äpfel, Birnen und Quitten, und dann werden von dem selbst gesammelten Obst Kompott, Gelee und Fruchtschnitten gekocht. Selbst gesammelte Nüsse werden später säckeweise von Hand aufgeknackt, es wird Nusswein und später im Winter noch Orangenwein angesetzt. Im Winter werden Schweine geschlachtet und Wurst, *rillettes, pâté* und Schinken gemacht. Das ist auch Arbeit für viele Tage. Zuvor muss man sich vermutlich allein vom Schlachtfest erst mal einen Tag erholen. Das alles braucht Zeit, das alles ist Arbeit, auch wenn's so romantisch aussieht. Und nett mit den Gästen plaudern ist auch Arbeit, auch wenn's so beiläufig geschieht. Das machen wir also.

Dann funktioniert das Leben hier aber auch genauso wie bei Ihnen: dazu gehören in Frankreich natürlich ganz stark kochen und essen. Daher nenne ich das mal an erster Stelle. Also, wir kochen zweimal am Tag, und natürlich essen wir auch zweimal am Tag. Dann wird Geschirr gespült, Boden, Fenster und Bad geputzt, Wäsche gewaschen, aufgehängt, gebügelt. Danach gehen bzw. fahren wir einkaufen, das ist dann vielleicht ein bisschen anders als bei Ihnen, weil die Wege hier zum Teil sehr weit sind. Manchmal muss man für den Einkauf oder auch für den Besuch eines speziellen Arztes bis nach Nizza fahren. Tagsüber plaudert man mit den Nachbarn, abends treffen wir vielleicht Freunde und feiern Geburtstag, wir gehen was trinken oder essen, oder wir bleiben zu zweit und diskutieren, spielen Backgammon und hören Musik, lesen, streicheln die Katze, kucken fern und schlafen. Dann singen wir vielleicht alle vierzehn Tage im Chor, fotografieren, gehen töpfern oder zum Yoga. Und wenn wir richtig frei haben, dann gehen wir vielleicht wandern oder spazieren oder im Winter Ski fahren, sofern wir uns nicht gerade den Fuß gebrochen haben. So leben wir hier. Ganz normal also.

Gut, wir haben nicht die Auswahl zwischen mehreren Yogakursen, es gibt direkt vor Ort keine schicken Cocktailbars, keine Boutiquen und kein Kino. Aber ich persönlich habe festgestellt, dass ich Cocktailbars und schicke Klamotten zu einem guten Leben nicht mehr brauche, und ich bin mit dem einen Yogakurs hier ganz zufrieden.
Ich glaube, was unbegreiflich und bedrohlich wirkt, ist, dass es hier so wenig »zu machen« gibt, sich so wenig Zerstreuung und Ablenkung bietet. Wandern von der Haustür ab, das reicht für Sie für zwei, drei Tage, aber was dann? Dann muss man schnell weiterreisen und ganz viel und weit mit dem Auto andere Berge und Täler und *cols* und höchste Autostraßen erklimmen. Aber was macht man, wenn man hierbleibt? Das Erleben von atemberaubender Flora und Fauna ist ja eher leise, und es ist ja auch mal ganz schön, aber reicht das für das ganze Leben? »Was machen Sie denn hier die ganze Zeit?«
Also, ich könnte Ihnen natürlich vorschlagen, sich erst mal in Ruhe hinzusetzen, die saubere Luft zu atmen, die vorbeiziehenden Wolken am Himmel zu betrachten oder nachts den Mond und den Sternenhimmel, der Ruhe zu lauschen und ganz vorsichtig die Sinne zu wecken für das Leise, das Stille, für die Farben und für die täglichen Veränderungen der Natur ... Und vielleicht spüren Sie dann etwas von dem, was ich spüre, seit ich hier lebe: tiefe innere Ruhe.

Und tatsächlich gibt es hier so wenig große Zerstreuung, dass man sehr auf sich zurückgeworfen ist. Ich persönlich finde das erholsam. Aber man muss es mögen – und können.

Aber vielleicht verstehen Sie das alles dennoch nicht, müssen jetzt wenigstens noch schnell eine Runde ums Dorf laufen oder noch mal mit dem Auto durchs Tal fahren, eine Tageszeitung kaufen und lesen und sich übers Weltgeschehen informieren, später noch mal einen Kaffee trinken und mit uns reden, damit es nicht so still ist. Ja, das Leben hier ist gewiss anders, ich mag es. Und was hätte ich also getan, wenn Sie heute Abend nicht gekommen wären? Vermutlich in Ruhe einen Wein getrunken, die Katze gekrault und in die Stille gelauscht.

Schwalben unterm Hut *

Unser Dorf ist kein Freilichtmuseum, auch wenn es vielleicht so aussieht. Hier leben Menschen ihren Dorfalltag als Schäferin, als Rentner, als Mama, Lehrerin oder als Busfahrer. Und hier gibt es Dorfgeräusche, Hunde bellen, manchmal auch mitten in der Nacht, weil ein Fuchs am Hundezwinger vorbeistreift oder ein Dachs oder auch nur ein Igel. Irgendwas, was böse verbellt werden muss, auf jeden Fall. Dann wird viel Holz gehackt und gesägt, denn hier wird im Winter mit Holz geheizt, und man braucht eine ganze Menge davon in einem langen, kalten Winter. Oder ein Auto wird repariert, und das Autoradio quäkt dabei. Drei ältere Nachbarinnen diskutieren von Fenster zu Fenster, was sie zu Mittag kochen werden und ob es regnen wird. Kinder rufen und rennen und lachen und schreien, Patrick flucht laut *merde* in seiner Küche, und das hört man erschreckend laut auf dem Platz, die Kartenspieler am großen Holztisch rufen laut nach noch mehr *Pastis* für den *Apéro,* und der Nachbar hat ein rauchendes Holzfeuer für sein Grillgut angeworfen. Das ist das Dorfleben an einem Sommervormittag. So in etwa, natürlich sehr verkürzt dargestellt, aber das denken Sie sich schon. Nach der Saison ist es deutlich ruhiger, die Kartenspieler sieht man so vereint nur noch am Wochenende, es rennen insgesamt deutlich weniger Kinder rum, aber das Leben hier geht weiter. Und insbesondere jetzt, wo wir fast wieder nur unter uns sind, sollte man nicht vergessen, den Leuten, denen man

beim Durchs-Dorf-Schlendern begegnet, »Guten Tag« zu sagen. Denn zu 90 Prozent begegnet man jetzt nicht anderen Touristen, sondern einem einheimischen Dorfbewohner, der sich zwar freut, dass mehr und mehr Fremde neugierig und entzückt durch das Dörfchen spazieren, denn dass es hier schön ist, wussten sie ja schon immer! Aber man will doch gern, dass der Fremde sich bewusst ist, dass er durch IHR Dorf läuft, sozusagen durch privates Gelände und eben nicht durch ein öffentliches Freilichtmuseum. Und hier will man, dass dann »Guten Tag« gesagt wird. Hier sagt man ja lieber einmal zu viel »Guten Tag« als einmal zu wenig, und hier wünscht man sich auch allseits mittags laut »Guten Appetit«. Das ist ganz normal, denn hier wird mittags um Punkt zwölf gegessen. Überall.
Eine Gruppe Frauen steigt schnatternd aus einem Minibus und marschiert, ohne die umstehenden plaudernden Dorfdamen zu grüßen, zum großen Holztisch unter dem Walnussbaum, um dort zu picknicken – ohne zu grüßen! Wo gibt's denn so was? Lisette mag das gar nicht, und sie mault die Damengruppe unfreundlich an, ob sie ihre Zunge verloren hätten?! Betroffen und kleinlaut grüßen die Damen und sind flugs ein wenig leiser. Lisette aber kann sich kaum beruhigen. Ohne zu grüßen! *Zut alors!* Das ist schließlich ihr Dorf, sie lebt hier seit über sechzig Jahren, und das gab's ja noch nie, dass hier so viele Leute, ohne zu grüßen, durch ihr Dorf laufen. Dass sie grüßen sollten, wissen aber insbesondere die ausländischen Gäste nicht, und so sagen sie weder »Guten Tag«, wenn sie durch die zwei Gässchen an den plaudernden Menschen vorbeilaufen, noch erwidern sie, wenn sie etwa bei uns auf der Terrasse essen, den ihnen freundlich zugerufenen Mittagsgruß *bon appetit!,* der übrigens beliebig auch abends wieder eingesetzt werden kann. Dass sie eben weder die Sprache noch die Gewohnheiten kennen, dafür gibt es hier leider keine mildernden Umstände.

Heute grüße ich überall wie eine Weltmeisterin, aber das habe ich auch erst lernen müssen.

So war ich mit meinem früheren Freund einmal in Westafrika, in Burkina Faso, und ich habe dort ständig den Zorn von Romain, unserem *guide*, auf mich gezogen, weil ich, als ich mit ihm auf dem Mofa sitzend durch Bobo-Dioulasso fuhr, nicht alle ihm bekannten Menschen links und rechts gegrüßt habe. »Du musst grüßen!«, brüllt mir Romain gegen den Lärm seines laut knatternden Mofas zu. Ich brülle zurück: »Ich kenn hier doch keinen!« Aber das gilt nicht, Romain sagt: »Ist doch ganz einfach, du grüßt die, die ich auch grüße.« Wenn man ihn mit einer Weißen sieht, die nicht grüßt, ruiniert das möglicherweise seinen Ruf, denn vielleicht grüße ich seinen Lieblingscousin nicht oder einen Freund aus Kindertagen, und das wird man Romain dann nicht verzeihen. Ich bin sowieso schon überfordert vom afrikanischen Straßenverkehr, und was da an vollgeladenen Eseln, Fahrrädern, Mofas, schlingernden Autos und Fußgängern unterwegs ist. Ich sehe alles und nichts, und jetzt soll ich auch noch irgendwen grüßen? Ich winke also ein bisschen halbherzig nach rechts und nach links, wenn Romain die Hand hebt, ohne wirklich jemanden bewusst zu erkennen, geschweige denn später wiederzuerkennen, und auch den Sinn sehe ich ehrlich gesagt nicht ganz ein. Ist doch klar, dass ich hier keinen kenne, die kennen und grüßen mich doch auch nicht?! Aber das stimmt nicht ganz. Das Grüßen und Begrüßen ist wichtig in Afrika. Wenn man schon sonst nicht viel hat, hat man wenigstens ein bisschen Zeit und Respekt für den anderen. Man bleibt also stehen und gibt sich die Hand und fragt rituell die Befindlichkeit aller Familienmitglieder einschließlich der Ziege und des Fernsehers ab: Wie geht's? Geht's dem Vater gut? Und der Mutter? Und den Geschwistern?

Und der Oma? Geht's also allen gut? Und sonst ist auch alles o.k? Und bei euch? Dann wird rituell zurück abgefragt. Und wenn man mit zwei Weißen unterwegs ist, bleibt man erst recht stehen, um sie allen vorzustellen, und alle, die in der Nähe sind, kommen dazu, denn natürlich wollen sie auch die beiden Weißen begrüßen. Wir werden zum Essen und zum Tee eingeladen, und die Kinder berühren kichernd und vorsichtig meine Haut und laufen dann lachend weg. Wenn das direkte Begrüßen erledigt ist, geht es irgendwann ins Allgemeinere: Es müsste mal ein bisschen regnen, es ist viel zu trocken ... Oh Mann! Mich nervt das, kann man nicht mal ein bisschen flotter vorankommen, müssen wir schon wieder stehen bleiben, um noch einen Cousin oder noch einen Nachbarn zu begrüßen? Ja, das müssen wir. Ich verstehe das nicht.

Eines Tages fahren wir einen halben Tag im Bus und später laufen wir noch ein paar Kilometer zu einem Dorf an einem großen See mitten im afrikanischen Busch. Es ist brüllend heiß, mein Rucksack ist schwer, ich döse beim Gehen vor mich hin, als Romain mich schon wieder schimpfend aus meinem meditativen Trott wach rüttelt: »Du grüßt nicht, du hast keinen Respekt!«, schimpft er. »Grüßt man sich nicht in deinem Land?« Ich verstehe erst mal gar nichts, aber ich habe die Menschen, die ab und zu rechts und links des Pfades, der sich durch den Busch schlängelt, in der Erde hacken und reißen, nicht gegrüßt. »Doch«, sage ich, »man grüßt die, die man kennt. Und ich kenne die Leute hier doch gar nicht.« Ich stelle mir vor, wie es wäre, wenn ich die Leute im Kölner Stadtwald plötzlich alle per Handschlag begrüßen sollte. Aber Romain schnaubt nur: »Hier musst du grüßen, wenn du jemanden triffst, das verlangt schon der Respekt vor den anderen, und du läufst außerdem durch ihr Gelände, das ist ihr Land, sie leben hier, also: grüße!« Ich grüße also, wieder ein bisschen halbherzig, auch die Men-

schen, die weit entfernt arbeiten, mit einem Winken. Die wiederum winken lachend zurück, was mich dann doch erstaunt. Und natürlich grüße ich jetzt auch die Menschen, die mir auf dem Pfad direkt begegnen, bleibe stehen und nehme teil an bizarren Unterhaltungen über Dinge, die ich nicht verstehe, und Menschen, die ich nicht kenne ...
Ich will jetzt nicht spekulieren, ob Frankreich als ehemalige Kolonialmacht Westafrika diesbezüglich beeinflusst hat oder ob es nicht viel eher umgekehrt war! Aber vielleicht ist es auch einfach in allen ländlichen Regionen so? Hier in den südfranzösischen Bergen ist es auf jeden Fall ziemlich ähnlich: Es wird rituell gegrüßt, und wehe, man hebt nicht wenigstens den Arm, um von Weitem ein Zeichen eines Grußes zu geben. Und auch hier wird die Befindlichkeit von allen abgefragt, einschließlich Ziege, Schaf oder Traktor. Und auch hier ist das eine Frage der Achtung, des Respekts. Ich habe mich daran gewöhnt, und jetzt verstehe ich Afrika im Nachhinein auch viel besser! Die ausländischen Gäste aber – oh weh!

Nächstes Jahr, wenn die Verlängerung unseres Vertrages ansteht, wird all das zur Sprache kommen. Denn nicht nur ist die Idee, eine *Auberge* im Herzen des Dorfes haben zu wollen, in der Praxis leider viel lärmender als geglaubt. Nein, dazu kommen noch die vielen Ausländer, die lachend und unverständliches Zeug redend auf der Terrasse rumhängen und nicht mal »Guten Tag« sagen. Ob man das wirklich hier will?

Also, bitte! Sagen Sie, wenn Sie hier sind, zumindest Lisette immer schön »Guten Tag!«. Danke!

* Schwalben unterm Hut *ist ein Sprichwort, und es heißt vollständig so: »Er hat wohl Schwalben unterm Hute, dass er nicht grüßen darf!«*

Geburtsanzeige

Es wird ja viel geheiratet zurzeit, und auch bekindert wird sich zunehmend, da wollten wir dann doch auch unseren Beitrag dazu leisten. Verheiratet sind wir ja nun schon, fehlen also die Kinder ...

Wir geben hiermit bekannt, dass unser Schmusekätzchen Caline heute Morgen kurz vor fünf ihre fünf Babys zur Welt gebracht hat: zwei weiße, zwei schwarze und ein getigertes Kätzchen mit einem Korkenzieherschwanz sind es geworden. Sie sind allerliebst, voller Energie und fallen vor lauter Zappeligkeit fast aus dem Wäschekorb, sie streiten sich um die Milchquellen, vor allem die beiden Weißen sind schon echte Draufgänger, und sie quietschen dabei ohne Unterlass. Moralisch unterstützt wurde Caline bei der Geburt vor allem von Patrick, denn ich bin im entscheidenden Moment wieder komatös in den Schlaf gefallen, nachdem sie uns seit drei Uhr morgens schnurrend und miauend wach gehal-

ten hatte. Ich sah dann nur noch das letzte Schwarze rausflutschen.
Wir sind ja umgeben von pragmatischen »Noch-mehr-Katzen-im-Dorf-gehen-gar-nicht«-Menschen, die uns angeboten haben, die fünf Katzenbabys auch gern für uns umzubringen. Aber auch wenn die beiden Weißen vorerst ein bisschen wie Ratten aussehen, so was geht dann doch nicht. Da wir sie aber auch nicht alle behalten können (obwohl ich die getigerte mit dem Korkenzieherschwanz schon ziemlich unwiderstehlich finde), der Katzenmarkt hier und in allen anderen Dörfern mehr als gesättigt ist, geben wir sie also zur Adoption frei. Gern auch ins Ausland, wir haben da keine Vorurteile. Natürlich erst, wenn sie alleine essen können und groß genug sind, ihre Mama und ihre Pflegeeltern zu verlassen. Also, vielleicht so in zwölf Wochen?! Adoptionsgesuche bitte an diesen Blog!

Ein Sommerphänomen: Spezialisten und Kolporteure

Spezialisten sind Menschen, die ein überdurchschnittlich umfangreiches Wissen in einem oder mehreren Fachgebieten aufweisen, und Kolporteure sind, zumindest im französischen Sinn, reisende oder »fliegende« Händler. Beide, Spezialisten und Kolporteure, gibt es selbstverständlich ganzjährig, sie tauchen hier jedoch vermehrt im Sommer auf. Spezialisten vermögen während des Sommers eindrückliche Markierungen in mein Hirn zu graben, während die Kolporteure dort hingegen nur kleine Lichtpunkte hinterlassen. Beiden sei hier ein liebevolles Denkmal gesetzt.

Fangen wir doch mit den Spezialisten an: Spezialisten sind also die, die alles können und alles wissen und die vor allem alles besser können und besser wissen. Spezialisten gibt es natürlich immer, sie sind in der Regel pensioniert, haben viel Zeit für Beobachtungen, und sie fangen jeden Satz an mit »Ich an deiner Stelle würde es so machen ...« Aber das ist die harmlosere Variante. Aggressivere Spezialisten tauchen vermehrt – bis hin zu scharenweise – im Sommer auf. Dann sind sie in der Regel Zweitwohnsitzler aus Marseille, Toulon oder Nizza. Sie sind überwiegend männlichen Geschlechts, sie haben Urlaub, und sie haben viel Zeit.
Als ich vor knapp drei Jahren für eine kleine Dorfgemeinde als *entretien espace vert* gearbeitet hatte, also sozusagen als Grünflächenarbeiterin bzw. eigentlich als Mädchen für alles, wurde das die große Sommerdiskussion unter den

Zweitwohnsitzlern: »Habt ihr schon gesehen, die haben dieses Jahr ein Mädchen genommen! Ein Mädchen! Kann die denn körperlich arbeiten, kann die überhaupt eine *debroussailleuse,* also die Motorsense, anwerfen und bedienen?« Und immer hatte ich ein paar Spezialisten in der Nähe, die ein bisschen kontrollierend kuckten, wie ich es machte, und die mir gern gönnerhaft zeigten, wie ich die *debroussailleuse* effektiver anwende, die Schaufel oder den Rechen besser in die Hand nehme, um dann anerkennend lächelnd meine Oberarmmuskeln zu betätscheln.

Zugegeben, anfangs habe ich die *debroussailleuse* tatsächlich oft abgewürgt und alle naselang den Nylonfaden im Sensenkopf abgerissen, weil ich über Steine gemäht habe, aber irgendwann konnte ich es dann: das Gras schön flach über dem Boden abmähen, den Faden nicht verlieren, selbst Steilhänge konnte ich abmähen. Kräftig war ich sowieso geworden, nachdem ich ein Jahr lang auf dem Hof Milchkannen geschleppt und schubkarrenweise Kuhmist rausgefahren habe. Also, die *debroussailleuse* ein paar Stunden auf den Schultern hängen zu haben, hat mich kaum ermüdet.

Ermüdet haben mich jedoch die niemals enden wollenden Kommentare der Spezialisten, selbst wenn ich nur ein Treppengeländer strich: »Ach, kuck, ein Mädchen. Kannst du das auch? Warum machst du es so? Ist das nicht zu schwer für dich? So eine grobe Arbeit für ein Mädchen, nein, also so was.« Aber dann, beide Hände in den Hosentaschen, haben sie alle nur zu gern zugesehen, wie ich einen verstopften Abfluss auf dem Dorfplatz säuberte: Da ich die schmalsten Arme hatte, die gerade mal so in das Abflussrohr passten, hatte ich die ehrenwerte Aufgabe, meinen Arm so tief wie möglich in das Rohr zu versenken, um den Schlick, oder was auch immer den Abfluss verstopfte, rauszuholen. Was für ein Anblick: Blonde Frau in blauer Latzhose liegt mitten auf dem Dorfplatz auf dem Boden und holt Dreck aus einem Loch. Da kann Mann gar nicht anders, als in männlicher Gemeinschaft danebenstehen, kucken, sich gemächlich im Schritt kratzen und fragen, was ich mache und wieso ich es so mache, und mir dann erzählen, wie sie es in Marseille machen. Mann! MANN!

Heute mache ich ja weniger männliche Dinge, die Spezialisten bin ich aber dadurch nicht losgeworden.
Die Spezialisten in unserem Dorf zum Beispiel sind die, die bei allen Festen vorab auftauchen, um schon mal die Dekoration zu inspizieren und um zu kucken, wie ich die Tische stelle. Und um mich zu fragen, warum ich es nicht besser so mache, wie sie es mir gleich vorschlagen, denn wenn ich das nicht tue, dann würde ich schon sehen, dass es nichts wird. Spezialisten sind die, die wieder mal, Hände in den Hosentaschen, dastehen können, während wir angesichts des drohenden Gewitters noch in Windeseile ein großes flatterndes Zelt auf dem Platz vor der *Auberge* aufbauen müssen, und abschätzig den Kopf schütteln: »Das hält so nie im Leben.«

Spezialisten sind die, die bis in die Küche gestiefelt kommen und sagen: »Oh, das riecht aber gut, was kocht ihr gerade? Ah, und wie macht ihr das? Aha, also ich an eurer Stelle würde es so machen ...« Spezialisten haben immer das bessere Rezept, davon lassen sie uns bei Gelegenheit gern mal kosten und wir sagen dann höflich: »Hmm, gut!« »Seht ihr«, sagt der Spezialist, »jetzt wisst ihr, wie es geht, so ist es doch besser.« Und verschwindet zufrieden, weil er uns was beigebracht hat.

Spezialisten. Gott sei Dank nimmt ihre Zahl mit Ende der Saison wieder ganz natürlich ab. Sonst müsste ich eines

Tages Amok laufen. Aber vermutlich wüsste da auch wieder einer, wie ich das hätte besser machen können, wenn ich ihn nur mal gefragt hätte …

Nun zu der originelleren Variante der Spezies Mensch, die uns ebenso vermehrt im Sommer heimsucht: *voilà,* die Kolporteure. Kennen Sie gar nicht?
Dachte ich zunächst auch, aber dann erinnerte ich mich an eine ältere Frau, die in meiner Kindheit mit einem großen Korb auf dem Rücken durchs Neubaugebiet wanderte, von Tür zu Tür ging, klingelte und Gewürze, Kräuter und Tee verkaufte oder zumindest anbot. Ich erinnerte mich plötzlich auch an den Ruf des Alteisenhändlers vor dem Haus, an den Messerschleifer und an den Lieferwagen des Eierlieferanten. Den Türverkauf von Waren aller Art gab es vermutlich vor der Erfindung der Katalogbestellung, ich erinnere mich vor allem an Staubsauger, und vielleicht gab es das auch für allerhand anderes. Heute aber klingeln, zumindest in der Stadt, nur noch die Zeugen Jehovas an der Tür, die uns aus unserem ungläubigen und verzweifelten Leben erretten wollen. Oder aggressive Zeitschriftenaboverkäufer, die uns ihr trauriges Leben erzählen, das wir ihnen allerdings durch die Abnahme eines oder mehrerer Zeitungsabos erleichtern könnten.

Hier in Frankreich und auf dem Land gibt es diesen Kolportagehandel noch. Das klappt, weil hier vor allem viele alte Menschen isoliert in ihren abgelegenen Höfen oder Dörfchen leben und nur alle Jubeljahre mal von jemandem in die Stadt zum Einkaufen mitgenommen werden. Ansonsten sind sie darauf angewiesen, dass man ihnen etwas mitbringt, oder eben darauf, dass jemand vor ihrer Haustür anhält, um Waren feilzubieten. Ein sehr netter und leiser Film über einen mit seinem Bus herumfahrenden »fliegenden Händler«, der so ein bisschen das Leben hier zeigt, ist *»Le fils de l'épicier«*. So etwas gibt es also hier noch. Herumfahrende Einzelhändler, Gemüsehändler oder Bäcker. In den größeren Orten hält auch alle vier Wochen und nach Voranmeldung ein begehbarer Lkw, der Werkzeuge, Autozubehör, Haushalts- und Gartenartikel anbietet. Dann gibt es aber noch die unregelmäßig und vor allem im Sommer auftauchenden fliegenden Händler für Bettwäsche, Matratzen, Möbel, Teppiche oder Töpfe und Geschirr.

Der erste Kontakt mit dem reisenden Topfhändler entstand, als er energisch in die Coopérative gestiefelt kam und sagte: »Guten Tag, Ihr Mann schickt uns, er hat gesagt, Sie sollen uns 200 Euro geben, bar, bitte schön, und wenn Sie es nicht hätten, sollen Sie bitte Geld am Automaten ziehen.« Ich sage: »Was soll ich?«, und glaube an einen Scherz, oder an eine Erpressung. Nervös rufe ich Patrick an, der mir aber eifrig bestätigt, er habe bei dem reisenden Topfhändler gerade einen riesigen Stahltopf gekauft, habe aber leider nicht genug Bargeld, also, ob ich ihm bitte und so weiter. Ich will vor allen Leuten und insbesondere vor dem Topfhändler keinen Skandal machen, frage daher nur noch mal nach, ob Patrick glaube, das sei alles seriös, und ob 200 Euro nicht ein bisschen viel seien für einen Topf und ob wir den wirklich bräuchten. Aber klar ist das seriös, und der Topf ist riesengroß und klasse, und natürlich braucht er genauso einen und so billig kommt er nie wieder dran. Ich denke, der Topf ist vermutlich irgendwo vom Lkw gefallen, aber was soll ich tun, Patrick hat ihn ja quasi schon gekauft. Ich hole also Geld vom Automaten, lasse den Laden währenddessen in der Obhut von Céline, und als ich wiederkomme, ist Céline dabei, von dem Topfhändler eine Bratpfanne zu kaufen. Ein deutsches Produkt, super Qualität. Wenn ich auch noch eine nähme, könnte er uns einen noch besseren Preis machen. Die deutsche

Marke sagt mir trotz eingeprägtem Firmenlogo und Originalverpackung gar nichts, ich brauche sowieso keine Pfanne, und ich brauche auch nichts anderes und bleibe störrisch und uneinsichtig. Céline nimmt die Pfanne trotzdem und ist glücklich. Das ist so eine tolle Pfanne, und sie war nicht wirklich teuer. Nachdem der Topfhändler weg ist, sage ich: »Aber das ist doch nicht seriös. Das ist doch nie im Leben eine deutsche Pfanne. Und vielleicht ist das Hehlerware. Oder es ist irgendwo illegal im Osten produziert.« »Na und«, sagt Céline, »die Pfanne ist klasse, ich brauche eine, und sie war nicht teuer.« So etwas Ähnliches sagt Patrick auch, als ich nach Hause komme. Er hat sogar noch einen Satz italienischer Küchenprofimesser geschenkt bekommen. Das war ein Supergeschäft. »Ja«, denke ich, »vor allem für den Topfhändler, wer weiß, wo der das alles geklaut hat.« Ich suche die Marke des wirklich ungeheuer großen Topfes, der Pfanne und der Messer im Internet und kann nichts finden. »Siehst du«, sage ich, »das ist alles nicht seriös.« »Na, wenn schon.« Patrick findet das nicht schlimm. Ich rechne damit, dass der Topf beim ersten Einsatz dahinschmilzt oder sonstige Mängel aufweist wie die falschen Rolexuhren aus Italien, China oder von sonst wo, aber er ist in Ordnung.

In diesem Sommer kamen noch ein Matratzenhändler und ein Möbelhändler vorbei. Der Matratzenhändler verkaufte eine Matratze an eine Nachbarin, der Möbelhändler ging allerdings leer aus. Obwohl er wirklich schöne Massivholzschränkchen und Kommoden in seinem Lkw hatte, und wir hätten auch handeln können, aber das hasse ich sowieso und ich blieb eisern. Erstaunlicherweise erzählten beide Händler die gleiche zu Herzen gehende Geschichte. Es war nämlich das Geschäft des Großvaters, der vor Kurzem gestorben war, Gott hab ihn selig, sie machen ja im

Leben eigentlich etwas ganz anderes, aber sie wollten doch das Lager noch abverkaufen und das Geschäft des Großvaters auflösen. Deswegen kann man mit dem Preis ja auch flexibel sein. Einmal glaube ich das, aber zweimal? Das ist doch nicht seriös! Aber den Leuten hier ist das egal. »Seriös, seriös, Christjann, ist doch 'ne nette Geschichte.« Und wenn man sowieso gerade eine Matratze braucht, und es wird einem eine nicht zu teuer angeboten und dann wird sie einem auch noch durchs Dorf und im Haus in den dritten Stock getragen, dann kaufe ich sie. Ist doch praktisch. *Et alors? La belle affaire!*

Jagdsaison

Heute ist der erste Tag der Jagdsaison, und ich hasse es jetzt schon. Ab sofort werden wir jedes Wochenende, in der Regel samstags und sonntags spätestens gegen 5 Uhr, von hysterischen Jagdhunden geweckt, die unter Umständen zwei Stunden auf dem kleinen Dorfplatz kläffen, kläffen, kläffen, so lange, bis die Herren Jäger sich entschieden haben, in welche Richtung sie heute ausschwärmen möchten.
Es nervt! Jagd in Frankreich ist anders als in Deutschland, wo das meines Wissens ein Beruf ist und dann Forstwirt heißt oder doch immerhin ein eher exklusiver »Sport« derer, die Land besitzen, oder wie auch immer. Keine Gewähr für die Richtigkeit, denn in Deutschland bin ich mit der Jagd eigentlich nie konfrontiert worden. In Frankreich hat seit der Französischen Revolution jeder freie Bürger der Republik das Recht zu jagen. O. k., man braucht auch einen Jagdschein, aber hier geht quasi jeder Mann zur Jagd, und die Jagd gehört traditionell wie auch die Bar: zur Männerwelt! Selbst wenn ich tatsächlich eine Frau und ein Mädchen kenne, die auch jagen, der Frauenanteil bleibt, zumindest hier in der Gegend, sehr gering. Alle sind mehr oder weniger schießtechnisch ausgebildet – mehr oder weniger, denn jedes Jahr, insbesondere zu Beginn der Jagdsaison, sind die Nachrichten voll mit aus Versehen erschossenen Spaziergängern oder aus Versehen erschossenen Jagdkollegen. Also, zurzeit besser grellbunt angezogen durch den Wald wandern und immer schön laut pfeifen beim Pilzesammeln.

Hier wird also gejagt. Jeden Tag außer mittwochs, weil mittwochs schulfrei ist und dann unter Umständen Kinder durch Wald, Feld und Wiesen laufen und dabei aus Versehen erschossen werden könnten. Das könnten sie zwar auch am Wochenende, denn da ist ja auch keine Schule, aber wer versteht schon die Regeln? Möglicherweise wird das auch das schlagende Argument für die Jäger, die ihren Mittwoch zurückfordern. Da hier fast jeder Mann zur Jagd geht, haben die Jäger eine starke Lobby, bei der letzten Wahl gab es sogar einen Präsidentschaftskandidaten der Partei CPNT, *Chasse, pêche, nature et traditions,* also »Jagd, Fischerei, Natur und Tradition«. Gut, sie haben nicht wirklich Aussichten gehabt, die Wahl zu gewinnen, aber es ist eine weitere Partei im rechten Spektrum.
Für mich ist das mit der Jagd so eine zwiespältige Sache. Wenn man mal erlebt hat, wie ein Kartoffelacker oder eine Wiese nach dem Durchzug einer Horde Wildschweine aussehen kann, dann findet man es gerechtfertigt, Wildschweine zu jagen, also den Bestand zu dezimieren, und ich gebe zu, es erfüllt einen sogar mit einer gewissen Genugtuung. Gleiches gilt für Rehe und Hirsche. Da hat man mühevoll einen Gemüsegarten angelegt, sieht Salat und frisches Gemüse zart heranwachsen, kämpft dabei gegen Unkraut und Hagel, dann gegen Schnecken, gegen Nachbars Hühner, und am Ende fressen Rehe und Hirsche in einer Nacht alles ab. Von einem Feld Luzerne, eigentlich Futtermittel für die Kühe, bleibt auch nicht mehr viel übrig, wenn ein Hirsch mehrere Nächte darin geäst hat. Da kommt Hass auf. Insofern sind die meisten Gemüsegärten und Felder mit Elektrozäunen eingezäunt, wobei Hirsche sich da nicht besonders drum scheren, sondern bis zu einer Höhe von zwei Metern einfach elegant drüberspringen.
Was mich vor allem nervt an der Jagd, ist die Mentalität der Jäger. Männer, die eben noch nette Nachbarn waren,

werden am Wochenende zu unangenehmen Zeitgenossen. Und was mich auch nervt, sind die damit unter Umständen verbundenen hässlichen Begleiterscheinungen. Dieses Frühjahr, am letzten Tag der letzten Jagdsaison, haben zum Beispiel zwei der drei an diesem Tag frei herumlaufenden Jagdhunde unseres Nachbarn und besten Freundes hier im Dorf eine der kleinen halbwilden Dorfkatzen, die Patrick und ich fütterten, getötet. Eigentlich war es »meine« Katze, das hab ich zwar keinem gesagt, aber sie hat mich so an meine erste Katzenliebe auf dem Bauernhof erinnert, klein, getigert, und am Anfang war sie ganz scheu, aber so nach und nach wurde sie immer zutraulicher und ließ sich manchmal schon streicheln. Und jetzt ist sie tot, vor allem wurde sie von den Hunden ziemlich zerfetzt. Sie hat wenigstens nicht lang gelitten, aber der Tod der Katze hat uns wehgetan, auch wenn wir wissen, dass solche Sentimentalitäten hier auf dem Land nicht erwünscht sind. Es ist auch nicht das erste Tierschicksal, das ich hier miterlebt habe, es gab schon so viele verschwundene oder tot aufgefundene Hunde und Katzen, sodass ich inzwischen ein bisschen abgehärtet bin. Aber Patrick, mein katzenverliebter heißblütiger Südfranzose, hat nur deswegen die Hunde nicht umgehend erschlagen, weil sie unserem besten Freund gehören und weil es eben »nur« eine kleine wilde Katze war, die keinen Namen hatte und keinem so richtig gehörte. Gnade ihnen Gott, sie jagen Caline oder einem der Katzenbabys passiert was! Die Leute, auf deren Grundstück das Kätzchen zerfetzt wurde, haben ihren Zugang zum Haus jetzt massiv eingezäunt. Es mutet etwas bizarr an, in so einem kleinen Dorf auf so große Barrieren zu stoßen, aber sie haben zwei kleine Kinder und gar keine andere Wahl, wenn sie sich gegen das Eindringen von blutdurstigen Jagdhunden wehren wollen. Denn gejagt wird hier selbstverständlich überall. Nur wer sein Grundstück einzäunt und alle paar Meter ein Schild mit *propriété privée, chasse interdite* anbringt, ist am Ende auch juristisch auf der sicheren Seite. Für die Jäger, selbst für unseren herzensguten Freund, war das nur ein bedauerlicher Zwischenfall, aber nicht weiter tragisch. Das passiert eben. Aber wie wäre die Sache ausgegangen, wenn es statt der Katze das krabbelnde Baby gewesen wäre?

Die Männer aus dem Dorf, die hier fast allesamt jagen gehen - selbst die Zweitwohnsitzdörfler aus Monaco, die sich hier zu Hause fühlen -, kann ich trotz dieser Zwischenfälle gerade noch so akzeptieren, aber die Herren von der Jagdschickeria der Côte d'Azur, die hier wöchentlich einfallen, die führen sich auf wie die buchstäbliche Wildsau. Hier ist ja alles ein bisschen einsamer, da glaubt man dann gern mal, alles sei Gemeineigentum, und wo nicht eingezäunt ist, bitte schön, da haben wir keine Hemmungen, und wir parken mit unseren großen Geländewagen öffentliche Wege zu: ist doch nur ein Feldweg. Aber leider wohnt am Ende des Wegs jemand, der trotzdem zur Arbeit fahren muss, auch wenn es so einsam ist, dass kein Städter glaubt, hier gäbe es noch Leben auf dem Planeten. Oder wir parken gleich auf dem Hof, stört doch keinen, sind doch nur blöde Bauern, die haben doch noch genug Platz, sollen sich mal nicht so anstellen, wir bleiben ja nicht ewig hier stehen.
Aber auch die Herren hier aus dem Dorf sind nicht zum Spaßen aufgelegt, wenn man Ihnen nahelegt, das vorjagdliche Palavern oder wenigstens die Hunde und damit ihr Gebell an einen anderen Ort des Dorfes zu verlagern, zum Beispiel, weil wir Gäste in der *Auberge* haben, die eigentlich Ruhe suchen. Na, was wir uns einbilden, die Hunde und das ganze Drum und Dran waren schon vor uns und unserer *Auberge* hier, und das Landleben wird jetzt nicht wegen irgendwelcher Städter, die aufs Land kommen, geändert,

und ist es denn die Schuld der Jäger, dass die *Auberge* so blöd mitten im Dorf liegt?
Nein, aber unsere ist es ja nun auch nicht. Ändern können wir sowieso nichts, und alles andere würde nur dazu führen, dass man sich mit den drei anderen Einwohnern des Dorfes zerstreitet. Das will letztendlich keiner, also knirschen wir nur leise mit den Zähnen und hoffen, dass unsere Herbstgäste schwerhörig sind oder selbst zur Jagd gehen und daher ganz viel Verständnis haben oder, noch besser, es als »typisches Landerlebnis« nehmen. Na ja, und dann kommen nachmittags die Jäger zurück und schenken uns ein halbes Reh oder ein Drittel Wildschwein, und wir trinken zusammen einen Schnaps, und so geht's dann schon, oder?!

Familie oder *im Zweifelsfall Cousine*

Ich bin kein Familienmensch. Meine Familie wird dies jetzt sicherlich seufzend abnicken, während sie das liest. Ich kann wochenlang nirgendwo anrufen, und es fehlt mir nichts. Dass ich manche Dinge später als andere erfahre, ist eben so. Manchmal bin ich dann erschrocken und nehme mir vor, mich öfter zu melden, aber meistens bleibt es beim Vorsatz. Das heißt nicht, dass ich meine Familie nicht mag. Ich mag sie, aber gern mit ein bisschen Abstand.
Ich kenne nicht mal meine gesamte Familie. Also, nicht die direkte Familie, schon klar, die überschaue ich noch, aber all die Tanten und Onkels, all die Cousinen und Cousins meiner Mutter beispielsweise, mit allen angeheirateten Partnern und deren Kindern. Tut mir leid. Ich gebe zu, ich bin da Ignorantin. Auf einem der letzten großen Feste meiner Großeltern siezte ich dementsprechend viele Menschen, die mir dann erschrocken sagten, sie seien doch die Tante X oder die Cousine Z. Aha, hätte ich mir auch denken können, dass zu so einem Fest nur Familie geladen ist. Wer sind Sie noch mal?

So. Ich habe nun in eine riesige französische *pied noir*-Familie eingeheiratet, und da gibt es kein Entkommen. Gott sei Dank wohnen wir ein bisschen weit weg von allem Familiengeschehen auf unserem Berg, und wir sind aufgrund unserer Tätigkeit auch ein bisschen orts- und angebunden, aber hier bewahrheitet sich – etwas abgewandelt –

das Sprichwort »Wenn der Berg nicht zur Familie kommt, dann kommt die Familie zum Berg«, denn auf diesen Berg wird nun vonseiten der Familie gepilgert. Wir haben ja nur eine kleine Hochzeit gefeiert und dazu nicht alle eingeladen, sodass der Rest der großen Familie nun häppchenweise das neue Familienmitglied, nämlich mich, beschnuppern kommt.

Vielleicht sollte ich einen kleinen Exkurs zum Thema *pied noir* machen, aber nur so viel, dass es zum Verständnis reicht, näher einlassen will ich mich dazu nicht, dazu ist das Thema Kolonisation viel zu komplex und politisch nach wie vor hochbrisant. Und auch wenn ich mich seit einiger Zeit mit der Algerienproblematik befasse, um meine neue Familie und ihr Verhalten zu verstehen, möchte ich mir nicht anmaßen, die historische Situation komplett erfasst zu haben, und ein Urteil kann ich mir gleich gar nicht erlauben. Also, ganz vorsichtig und nur an der Oberfläche gekratzt:
Algerien wurde 1830 zur französischen Kolonie, und *pied noir* bezeichnet die Algerienfranzosen, die zum Teil seit Generationen in Algerien ansässig waren, dort als Kolonisten lebten und nach der Unabhängigkeitserklärung Algeriens 1962 nach Frankreich »zurückkehrten«, obwohl sie möglicherweise vorher noch nie einen Fuß in dieses Land gesetzt hatten. Die Kolonisationsgeschichte Algeriens ist, wie die der gesamten Welt, aus heutiger Sicht unschön und voll bitterer Geschehnisse. Es ist leicht, das alles heute verwerflich zu finden, reaktionär und elitär, und auf die Kolonisten zu schimpfen. Ich persönlich finde die menschliche Arroganz, die die Kolonisation überhaupt ermöglicht hat, unglaublich, aber sie ist historische Tatsache. Um wieder zum Thema Familie zurückzukommen, versuche ich das Phänomen *pied noir*-Familie mal laienpsychosoziologisch zu betrachten:

Eine Familie wandert in ein fremdes Land aus. Klar, dass man da aneinander festhält. Die ursprüngliche Bevölkerung wird für minderwertig und dumm erachtet und höchstens als billige Arbeitskraft geschätzt. Man pflegt lieber Kontakte mit anderen Auswandererfamilien, die den gleichen kulturellen Hintergrund haben und zudem die gleichen Sorgen und Nöte im neuen Land. Man heiratet und gründet neue Familien, bleibt aber immer unter sich. Möglicherweise wird man reich, man hat Angst, diesen Reichtum zu verlieren, und man hat viel zu verteidigen. Gegen Angriffe der Ursprungsbevölkerung wehrt man sich gemeinsam. Das schweißt zusammen. Abtrünnige kann man sich nicht leisten: Wir halten zusammen als Familie.
Dann kommt »überraschend« die Unabhängigkeit Algeriens, denn wer will schon die Zeichen der Zeit rechtzeitig sehen, wenn man seit Generationen in einem wenn auch »fremden« Land verwurzelt ist? Was hat man eigentlich noch mit dem Mutterland gemeinsam? Aber schnell wird es so eng und bedrohlich, dass man keine Wahl mehr hat: »Man kehrt heim.« Exodus. Die Familien kommen mit fast nichts in Frankreich an, wo sie als Kolonisten plötzlich politisch nicht mehr tragbar sind; *»sales pieds noirs«* sind sie plötzlich, Ausbeuter. Eben noch war man vielleicht Großgrundbesitzer, nichts davon ist geblieben. Jetzt ist die Geschichte der unterdrückten arabischen Bevölkerung überall großes Thema. Wer versteht noch ihr Schicksal, und wer will diese unverdaute und unversöhnliche Geschichte eigentlich hören? Nur diejenigen, die dasselbe erlebt haben. Die Familie. Oder andere *pieds noirs*. Das schweißt erneut zusammen. Und so bleibt man auch hier, so irgend möglich, eng zusammen.

Für die anderen Franzosen dieser Zeit, und vielleicht teilweise noch heute, sind die *pieds noirs* »arabisiert«, große laute Familien, konservativ, altmodisch, traditionell, von denen man sich besser ein bisschen abseitshält. Sie essen andere Dinge, haben andere Worte für Alltagsdinge, und sie haben einen komischen Akzent. Vielleicht sind sie sogar ein bisschen schmutzig?! Vor Kurzem sagte eine Nachbarin hier im Dorf: »Die Kakerlaken wurden von den *pieds noirs* eingeschleppt, vorher gab es das nicht in Frankreich.« Nichts ist hier aufgearbeitet. Patrick ist zu Tode gekränkt.

Für die *pieds noirs* ist die Familie das gesamte Universum: Gemeinschaft, Sicherheit, Freundschaft, Solidarität, Liebe. Patricks Familie ist, wie so viele, in Marseille gestrandet und dortgeblieben. Alle wohnen in und um Marseille, man sieht sich, sooft es geht, sowieso ist immer irgendwo ein Geburts- oder Namenstag, der gefeiert werden muss, und das tägliche Telefonieren zum Austausch von Befindlichkeiten und Neuigkeiten gehört zum Alltag. Patricks Kinderfreunde waren ausschließlich seine Cousins und Cousinen, seine erste zarte Liebe war ebenfalls eine Cousine. Man kommt nicht so leicht rein in so ein Universum, raus aber auch nicht. Es wird auch viel gestritten, aber Familie ist Familie. Blut ist dicker als Wasser. Und ich gehöre jetzt dazu. Aufgenommen mit offenen Armen, werde ich bis zur letzten Cousine weitergereicht und ans Herz gedrückt wie ein lang verschollenes Kind. Das ist berührend. Und ich kann mich kaum retten vor Familiengeschichten, die auf mich einprasseln. Eine Cousine, die ich gerade erst kennengelernt habe, erzählt mir, noch bevor sie mir die Anzahl ihrer Kinder verraten hat, wie schwer ihr der Abschied von Algerien gefallen ist und wie weh es ihr tut, nie wieder dorthin zurückkehren zu können. Das erschüttert mich, ich spüre das Trauma, und ich nehme mir vor, die Geschichte der Kolonisation Algeriens und die von Patricks Familie objektiv kennenlernen zu wollen. Abseits der Hasstiraden gegen Araber, die es im gleichen Atemzug auch immer gibt. Und dann schaue ich Fotos an, die mir auf Handys oder Digitalkameras gezeigt werden: von Häusern, von selbst gebauten Schwimmbädern oder offenen Kaminen, von Kindern, von Enkelkindern, von Festen. Ich werde eingeladen nach überallhin, alle muss ich kennenlernen.

Und ich werde nach meiner Familie in Deutschland befragt, nach meinen Eltern, meinen Großeltern, meinen Tanten und Onkeln, meiner Patentante. Wie traurig, dass ich keine Geschwister habe. Wie viele Cousins und Cousinen habe ich? Ach? Was für eine kleine Familie! Wie oft sehe ich sie? War meine gesamte Familie schon hier? Ob sie mir nicht alle wahnsinnig fehlen? Und dann wird lange erörtert, wie es wäre, wenn sich eine ihrer Töchter in einen Mann in einem anderen Land verlieben würde. Das wäre ganz klar eine Katastrophe. Zwei der vier anwesenden Damen, meine neuen Cousinen, würden eher ihren Mann verlassen, als die Tochter alleine in die Fremde ziehen zu lassen. Und deine *maman* hat dich einfach so gehen lassen? Wie tapfer! Tränen in den Augen meiner Cousinen. Ich bin bei alledem ein bisschen einsilbig. Dass man nicht so in seiner Familie aufgehen kann wie sie, ist für sie unvorstellbar. Und ich komme mir unglaublich hartherzig vor, weil ich meine Mama im Alter von 45 Jahren nicht gefragt habe, ob ich weggehen darf, um einen Mann in einem anderen Land zu heiraten.

Neben den klassischen familiären Zuordnungen als Schwiegertochter oder Schwägerin bin ich vor allem Cousine geworden. Alles, was nicht direkte Linie ist, wird flugs zu Cousin oder Cousine. Der sechzigjährige Neffe meiner Schwiegermutter? Mein Cousin. Seine Frau? Meine Cousine. Der Bruder des Neffen? Mein Cousin. Seine Frau? Meine Cousine. Deren Tochter? Meine Cousine. Der Mann der Tochter? Mein Cousin. Und so weiter. Und alle sind glücklich, eine neue Cousine zu haben. Und darauf trinken wir noch einen. Das ist der Moment, wo ich gerne vorschlage, für das Mittagessen handgeschabte Spätzle zu machen, eine Spezialität aus meinem Land für meine neue Familie, das freut alle, und mir gibt es die Möglichkeit, mal für anderthalb, zwei Stunden in die Küche zu verschwinden und durchzuatmen. Dieses Mal war ich mit gebrochenem Fuß leider am Tisch festgeschweißt. Nach zwei Tagen bin ich entsprechend erschöpft und reagiere auf drängende Einladungen etwas verhalten. Aber macht nichts, wenn wir nicht kommen können, dann kommen wir euch bald wieder besuchen und bringen dann auch Lilly mit, oder war es Lulu? Und dabei werfe ich schon Lydie und Laetitia durcheinander und Camille und Corinne, und wie hieß noch der kleine blonde Junge mit den großen blauen Augen, der der Enkel ist von ... wie hieß sie gleich? Ich bin einfach kein Familienmensch.

Zwischen Boule und Bettenmachen

Eine meiner Hauptbeschäftigungen in diesem Sommer war Bettenmachen. Also, ich habe auch Böden und Klos und Fenster geputzt, tonnenweise Bettwäsche gewaschen, auf- und abgehängt und gebügelt, Tische gedeckt und abgeräumt, Eis und Brot und Käse verkauft, und jede Menge Sandwiches belegt, Cola, Bier und Kaffee serviert, aber mir scheint, ich habe vor allem Betten gemacht.
Und heute muss ich diesen lang überfälligen Text einfach schreiben. Wir hatten nämlich grad mal wieder deutsche Gäste, und jedes Mal, wenn ich da ins Zimmer komme, trifft mich, Verzeihung, der Schlag.
Nicht, weil es unaufgeräumt wäre oder ich sonst etwas Unappetitliches vorfände, nein, es ist das völlig zerwühlte Bett, das mich leise seufzen lässt. Es zwingt mich, das Bett jedes Mal komplett neu zu machen, weil es mit ein bisschen Glattziehen keinesfalls getan ist. Bei deutschen Gästen frage ich mich oft, ob es überhaupt nötig ist, das Bett jedes Mal aufs Neue zu machen, weil wir da so einen stillen Kampf führen.

Das »französische Bett« kennt man ja auch in Deutschland, das ist ein Bett mit einer großen einteiligen Matratze, die gibt's standardmäßig in eins zwanzig Breite, eins vierzig oder eins sechzig. Ich hatte in Deutschland ein französisches Bett, das war eins vierzig breit. Das war schön komfortabel, denn ich schlief ganz allein darin. Hier aber, das

ist vermutlich jedem bekannt, wird das generell für zwei Personen gerechnet.
In französischen Hotels werden zum Zudecken in der Regel Leintuch und Decke verwendet und nicht, wie bei uns üblich, Federbetten. Eine von Patricks eindrücklichsten Kindererinnerungen an Deutschland und an die Hotels sind die ihm bis dahin unbekannten dicken Daunendecken der Sechzigerjahre, unter denen er zu ersticken glaubte. In Frankreich also hat man ein sehr großes Leintuch und eine sehr große Decke für das eins vierzig breite Bett für zwei Personen. Dann zwei Kopfkissen und häufig eine die gesamte Bettbreite einnehmende Kissenrolle, das *traversin.* Zuunterst, auf der Matratze, liegt natürlich noch ein Leintuch. Als ich vor knapp zwei Jahren hin und wieder in einem Berghotel als Zimmermädchen arbeitete, musste ich erst mal lernen, wie man (hier) überhaupt professionell Betten macht. Da wird das erste Leintuch über die Matratze gelegt und festgesteckt, dann wird das Leintuch zum Zudecken (auf links, damit später beim Umschlag die Schmuckkante obenauf liegt) und darauf die Wolldecke exakt mittig aufs Bett gelegt, das Zudeckleintuch wird am Kopfende exakt um die Wolldecke geschlagen (sodass man jetzt die Schmuckkante sieht), und dann werden diese drei Schichten Leintuch-Decke-Leintuch an drei Seiten gleichmäßig unter die Matratze gesteckt, ohne dass es klumpt, was an den Ecken nicht so einfach ist. Dabei wird unter Anheben der Matratze alles extrem festgezurrt. Das ist jetzt vielleicht nicht richtig gut beschrieben, aber Sie haben vielleicht eine ungefähre Vorstellung von einem perfekt gemachten Bett bekommen, oder? Es sieht klasse aus, aber tatsächlich sind Decke und Leintuch so fixiert, dass es schwierig ist, zum Schlafen darunter- oder besser dazwischenzugleiten. Tatsächlich gibt es aber viele Franzosen, die das können, die sich vorsichtig ins Bett ein-

fädeln und sich dann nicht mehr bewegen. Ist mir ein Rätsel, wie sie das schaffen, aber vermutlich ist es das Ergebnis des jahrelangen Trainings auf der eins zwanzig breiten Fläche, wo man sich eh kaum bewegen kann, ohne den andern aus dem Bett zu schubsen. Das ist fürs Zimmermädchen, das die Betten macht, sehr angenehm. Man zieht nur ein bisschen das obere Leintuch und die Decke glatt, schüttelt die Kissen ein bisschen auf, Tagesdecke drüber und gut ist's. Die Deutschen vor dem gleichen Bett reißen als Erstes mal die Decke an den Seiten raus, weil sie sonst schon mal gar nicht einsteigen können, dann noch mal ein kräftiger Schwung mit den Füßen, auf dass sich Decke und Leintuch rundherum lösen und nun frei herunterhängen. Jetzt kann man sich auch damit einwickeln. Ich gebe zu, ich mache das genauso, wenn ich irgendwo auf so ein Bett stoße, und ich muss mich rundum einwickeln mit der Decke, wenn ich schon keine kuschelige Daunendecke habe. Ansonsten komme ich mir vor wie ein mit Nadeln auf einem Karton festgestecktes Herrenhemd. Aber zum Bettenmachen ist das, ehrlich gesagt, ein Sch..., denn nun müssen alle Schichten wieder richtig übereinandergelegt und festgezurrt werden. Jetzt aber mit dem gebrauchten Leintuch, das nicht mehr so schön die symmetrischen Bügel- und Zusammenlegfalten aufweist, an denen man sich so leicht orientieren kann. Das alles ist auch unangenehm, auch weil dieses ständige Bettenbeziehen bzw. der Umgang mit knochentrockener Wäsche extrem trockene Hände macht und das Festzurren der Leintuch-Decken-Kombination unter der Matratze so manchen Fingernagel ab- oder einreißen lässt. Und das jeden Tag aufs Neue. Jaja, es gibt Schlimmeres, ich weiß, ist eben Zimmermädchenschicksal. Dennoch: Manchmal denke ich, es wäre leichter, ich legte für die deutschen Gäste alles gefaltet nebeneinander aufs Bett, sollen sie doch damit machen, was sie wollen.

Wie gesagt, die meisten Franzosen hinterlassen ihr Bett tadellos, fast unberührt. Aus der Zimmermädchen-Perspektive finde ich das zwar angenehm, aber es bleibt mir ein Rätsel. Genau wie das gemeinsame Schlafen auf so engem Raum, ohne sich zu stören. Ich verstehe nicht, wie sie das machen! Haben die als Paar automatisch das gleiche Wärme- und Platzbedürfnis? Drehen die sich zeitgleich und harmonisch um? Gibt's da keine Individualität? Und wie machen die das, wenn sie mal Streit haben?
Alle von mir befragten Franzosen finden meine Frage zum individuellen Platz- oder Wärmebedürfnis irritierend. Was soll daran denn so besonders sein, zu zweit auf einer ein Meter zwanzig breiten Matratze und unter einer gemeinsamen Wolldecke zu liegen? Das ist eben so. Auch meine Schwiegermutter konnte zu einem individuellen Wärme- oder Platzbedürfnis nichts sagen, damit hatte sie nie ein Problem, aber was den Streit angeht, sagt sie, sei das Bett ganz klar ein Versöhnungsort, dort ist es so eng, dass man zwangsläufig schnell wieder zusammenkommt. Wenn ich ihren Ausführungen glauben darf, liegen alle französischen Paare in der Regel in der Löffelchenstellung im Bett. Wenn's ein bisschen angespannt ist, dreht man sich hingegen den Rücken zu. Man berührt sich aufgrund des wenigen Platzes aber doch, manchmal sind es auch die Füße, die sich suchen, vielleicht unter dem Vorwand, dass sie gewärmt werden müssten. Und so nähert man sich im Bett wieder an. Nur wenn es einen ganz großen Streit gibt, geht eben einer aufs Sofa zum Schlafen.

Ich persönlich bin ja eine »Ich brauch Platz und meine eigene Decke«-Schläferin. Tatsächlich hatte und habe ich auch Träume davon, in den Armen meines geliebten Mannes einzuschlafen und zärtlich aneinandergekuschelt am nächsten Morgen wieder aufzuwachen. Kann ich nicht.

Auch in Zeiten größter Verliebtheit und selbst in verheiratetem Zustand geht das nicht (doch, es gab Augenblicke, wo ich dachte, vielleicht ändere das Verheiratetsein etwas daran, nun ja, tut's nicht!). In der Einschlafphase muss ich alleine sein. Mich nervt der Atem des anderen an meinem Ohr oder am Hals, mir wird schnell zu warm, man hält mich zu fest, ich würde mich gern umdrehen und hab dann noch mehr Geschnaufe im Gesicht. Ich brauche Luft. Ich brauche Platz. Ich will mich rundum in meine Decke einwickeln. Fazit: Ich kann so nicht (ein-)schlafen und rücke so weit wie möglich weg. Patrick, der mit dem französischen Schlafen auf eins zwanzig sozialisiert wurde, ist immer wieder enttäuscht. Ich glaube ja, dass es für das Zusammenschlafen auf eins zwanzig Breite ein eigenes Gen geben muss, oder man saugt es mit der Muttermilch auf, wie auch die Küsschengeberei, anders kann ich mir nicht vorstellen, dass man das hinkriegt. Und dann auch noch unter einer Decke!

Jetzt gibt's seit einiger Zeit die sich mehr und mehr durchsetzenden französischen Deckbetten, und die haben was Gigantisches! Größe 2,40 x 2,60 m, zum Beispiel. In Worten: zwei vierzig auf zwei sechzig, Meter, wohlgemerkt. Da sehen unsere deutschen »Übergrößen« mit 1,50 x 2,00 m geradezu lächerlich aus. So riesig sind selbst diese Deckbettengiganten dann gleich nicht mehr, wenn man sich vergegenwärtigt, dass man auch hier brav zu zweit drunterliegen soll. Und auch das riesige Deckbett wird gerne festgezurrt, wenn auch nur das Fußteil, das hier überlappend ist, damit es ordentlich zwischen Matratze und Bettgestell geklemmt werden kann. So liegt auch das Deckbett schön platt und fest, und individuelles Einrollen ist auch hier nicht vorgesehen.

Wer schon mal versucht hat, alleine einen 2,40 x 2,60 m

großen Bettbezug auf eine ebenso große Daunen- oder Mikrofaserdecke überzuziehen, weiß, dass das kein echtes Vergnügen ist. Ich täusche mich grundsätzlich zwischen Länge und Breite und komme beim erneuten Drüberziehen in die andere Richtung ins Schwitzen, habe aber auch dann das Gefühl, es passt nicht richtig. Es passt zum Beispiel auch nicht auf das Standard-Bügelbrett. Diese Stoffmonstren sind zu groß und lassen sich auch nicht alleine zusammenlegen, also zumindest nicht sehr schön. Gut, vermutlich geht das, Millionen von französischen Hausfrauen machen das wohl. Ich kriege es nicht hin.

Ich bevorzuge daher Deckbetten und Überzüge in der Größe 2,00 x 2,00 m, weil ich da wenigstens beim Beziehen mit Breite und Länge nichts falsch machen kann, und tatsächlich hab ich jetzt so ein Bettdeckenmonster für mich alleine! Vier Quadratmeter Decke für mich alleine! Und eine eigene Matratze! Gut, wir haben jetzt keinen Platz mehr im Zimmer, aber ich kann ungestört schlafen. Am Anfang dachte Patrick allen Ernstes, wir könnten zu zweit auf einer ein Meter breiten Matratze schlafen. Und dann noch unter einer Decke. Wir lieben uns doch! Wo ist das Problem? Er hat sich damit abgefunden, dass das mit mir nicht geht. Und siehe da: Seit er alleine schläft, hat er weniger Rückenschmerzen. Das ist doch was!

PS: Boule habe ich übrigens den ganzen Sommer nicht gespielt.

Heimweh

Bevor ich hier in Frankreich sesshaft geworden bin, war ich eher eine »Reisende«. Ich bin oft umgezogen, immer wieder bin ich leichten Herzens und mit großer Neugier auf Veränderung woanders hingegangen. Ich war im Norden und im Süden und im Westen, nur in den Osten bin ich nicht so richtig gekommen. Ich bin auch gern gereist, und oft wäre ich gerne an meinen Urlaubsorten geblieben, und das Heimgehen hat mich sentimental gemacht.
Mit Mitte zwanzig verbrachte ich zwei Monate in Siena in der Toskana, um in einem Sommerkurs die Sprache zu lernen, und ich wollte danach nicht mehr zurück nach Deutschland. Ich bin letztlich nur nach Hause gegangen, weil alle anderen, mit denen ich eine wunderbare Zeit verbracht hatte, auch gingen und weil ich damals nicht den Mut hatte, alleine dortzubleiben. Wieder zu Hause, ging ich meiner Umwelt auf die Nerven, weil ich alles mit Italien verglich: die Tomaten, das Öl, die Gewürze, die Pastasoßen, die Art, wie wir den Salat machten und zusammen aßen, den Rotwein und den Espresso, alles war besser in Italien. Das Wetter war in Italien sowieso besser, schöner war es dort auch überall – was sollte ich in Deutschland? Ich hatte Fernweh. Dennoch blieb ich in Deutschland, wurde aber nirgends richtig sesshaft. Nach einem Jahr, nach drei oder auch nach fünf zog ich immer wieder weiter. Eine Freundin von mir verbrachte ein Auslandsjahr in England, und ich beneidete sie sehr darum, sie aber war

krank vor Heimweh und wollte nach ihren Weihnachtsferien in Deutschland nicht mehr zurück nach England, und sie zählte dort die Monate, Wochen, Tage. Ich verstand sie nicht. Ich kannte das Gefühl Heimweh gar nicht.

Und bis heute würde ich sagen, ich kenne kein Heimweh. Auf die Fragen von Patricks Familie oder den Nachbarn, ob mir Deutschland nicht fehle, habe ich bislang immer verhalten reagiert, ein schnödes »Nein« stößt immer alle vor den Kopf. Ich weiß, hier wird erwartet, dass einem die Heimat und die Familie fehlen müssen. Aber meine Eltern sind auch mehrfach umgezogen, ein Elternhaus irgendwo oder eine richtige Heimatstadt gibt es insofern für mich nicht. Meine Freunde sind ebenfalls über ganz Deutschland verteilt. Manchmal fehlt mir eine bestimmte Freundin, manchmal eine andere. Wenn ich an Deutschland denke, bleibt das diffus, es gibt nicht mal den einen Ort, wo sich all mein – nicht vorhandenes – Sehnen hinrichten könnte. Am ehesten fühle ich mich in Deutschland in und um Heidelberg zu Hause. Dort bin ich geboren und der Großteil meiner Familie lebt dort. Man könnte sagen, dort sind meine Wurzeln, auch wenn ich selbst nie dort gelebt habe. Aber ich mag die hügelige Landschaft des Odenwaldes, den Neckarlauf und die kleinen Fachwerkhäuschen überall. Und ich mag auch den freundlichen Singsang des Badischen.

Heute beim Mittagessen kamen wir aus irgendeinem Grund auf Patricks Kindererinnerungen an Deutschland zu sprechen. Patricks Eltern, beide aus französischen Militärfamilien, die in den Fünfzigerjahren in Deutschland stationiert waren, haben sich in Mainz kennengelernt und dort geheiratet. Später haben sie mehrere klassische Deutschlandreisen unternommen. Was nicht heißt, dass sie Deutschland gut kennen, sie kennen neben Mainz, dem Rhein und den diversen Burgruinen natürlich vor allem den Schwarzwald und das Oktoberfest. Insbesondere Patrick hat sehr selektive Kindererinnerungen an die Burgen am Rhein und die Ritterrüstungen darin, an üppige Sahnetorten, die zusätzlich mit Schlagsahne serviert wurden, und an dicke Daunenbetten in einem Schwarzwaldhotel. Heute verblüffte er mich mit der Beschreibung eines deutschen Schlosses, das von Ludwig XIV. zerstört wurde, weil dieser nicht wollte, dass es ein Schloss gäbe, das prunkvoller sei als Versailles. Ich höre zu und überlege, wo das gewesen sein könnte. Dann erzählt Patrick, dass es bei der Führung in diesem Schloss als Gag irgendwo eine Kiste gab, in der ein eigenartiges Tier eingesperrt war und aus der, wenn man sie entgegen der schmunzelnden Anweisung des Reiseführers dennoch geöffnet habe, zum großen Schrecken aller plötzlich ein Fuchsschwanz sprang: der Wolpertinger! Patrick ist seit der Zeit überzeugt, dass die Deutschen richtige Scherzbolde sind. Mir blieb der Mund offen stehen. »Weißt du, wo das war?«, frage ich ihn. »Das war im Weinkeller in der Schlossruine in Heidelberg, meiner Geburtsstadt.« Seines Wissens war er bislang nie in Heidelberg, er kann sich an nichts, auch nicht an das große Fass neben der albernen Kiste, erinnern, aber an die erinnert er sich. Wir kucken Heidelberg und das Heidelberger Schloss im Internet an, wir fliegen mit Google Earth über den Odenwald und ich bin leise berührt.

In der Post war heute ein Buch, das mir neulich empfohlen wurde: »Die Legende vom typischen Deutschen«, von einer Französin geschrieben. Auf Französisch ist es nicht mehr lieferbar, aber es gibt die deutsche Version. Ich habe es heute fast in einem Rutsch durchgelesen, auch wenn es nicht gerade leichte Lektüre ist. Also, will sagen, es ist unterhaltsam geschrieben, sonst hätte ich es nicht so verschlungen, aber doch mit wissenschaftlichem Anspruch. Da lese ich also, wie eine in Deutschland lebende Französin uns Deutsche und unser Alltagsleben so sieht. Durchaus liebevoll, aber ich sehe so deutlich, wie anders wir aus französischer Sicht sind. Und bei all ihren kleinen und großen Geschichten über Kindergärten und Kindererziehung, Bioläden, Arztbesuche, Geburtstagsfeiern oder die Art, sich zu begrüßen und Unterhaltungen zu führen, wurde ich ganz wehmütig. Und plötzlich fehlte mir das so. Das Deutsche. Denn hier bin ich ja so französisch-adaptiert, ich lebe weitgehend so, wie man hier lebt, *à la française*. Das ist auch in Ordnung. Ich lebe hier und ich lebe gern hier. Aber hier sieht keiner, dass ich mich schon wahnsinnig anpasse. Hier wird immer nur bemängelt, was anders, was nicht französisch an mir ist. Ich sehnte mich plötzlich nach Deutschland, nach der Anonymität der Großstadt, in der ich gelebt habe, selbst wenn ich das in der Realität vermutlich nicht mehr ertrage, und ich sehne mich nach dem »Nicht-fremd-Sein«, nach tiefem Verstandenwerden und nach der Sicherheit, mit der ich weiß, wo ich was finde und wie alles funktioniert: einkaufen, telefonieren, Bus fahren, Auto fahren, Leute begrüßen, essen gehen, Gespräche mit Ärzten, Verkäuferinnen, Friseuren und Kassiererinnen oder mit Letzteren auch gerade keine Gespräche. Ich würde gern mal wieder alles um mich herum verstehen und richtig einschätzen können. Und dann sehne ich mich danach, mal wieder in einem richtigen Café »richtigen« Kaffee zu trinken, in einer Bäckerei richtiges Roggenvollkornbrot zu finden und in Klamottenläden deutsche Kleidergrößen. Deutsche Zeitungen in der Papierausgabe zu lesen, in deutschen Buchhandlungen stundenlang zu stöbern, deutsche Filme und deutsches Fernsehen zu sehen und auch komplizierten Dialogen in unübersichtlichen Krimis folgen zu können und danach tiefe, für Franzosen schwergängige, deutsche Gespräche zu führen. Deutschland ist erstaunlich leicht geworden für mich. Alles geht so

spielerisch. Ich kann Deutschland. Und ich würde das gern mal wieder leben.
Nicht lang, nur so zwei, drei, vier Wochen allein in meiner Wohnung. Nicht nur eine Woche, in der alles schnellschnell erledigt, abgehakt und jeder besucht werden muss und wo ich zudem heimatlos bin und mal hier und mal da schlafe. Ich habe wohl zum ersten Mal in meinem Leben ein bisschen Heimweh – nach Deutschland.

Sauerkraut, Polka und wo liegt noch mal Deutschland?

Wenn man den gängigen Vorurteilen glauben mag, und ich glaube ihnen, weiß man in den USA, trotz aller deutschstämmigen Einwanderer, in der Regel nicht viel über Deutschland. Bier, Oktoberfest, Dirndl und Hitler. O.k., Amerika ist groß und Deutschland klein und so weit weg, und es ist nur eines der vielen kleinen Länder in Europa, das ist für Amerikaner so unübersichtlich wie für unsereins eine Zeit lang die neuen Grenzverläufe im ehemaligen Jugoslawien.

Auch am anderen Ende der Welt, in Neuseeland, weiß man nicht viel über Deutschland oder Europa. Ich hatte mal Besuch aus der unteren Weltkugelhälfte, und die beiden älteren Damen waren verwirrt über die Vielzahl der kleinen Länder, der Währungen und der Sprachen, die sie in vier Wochen bereisten: Sie hatten »Europa in vier Wochen« gebucht, waren davon aber ganz klar überfordert. Sie wurden in Rom und Paris beklaut, was dazu führte, dass sie sich in Mainz-Gonsenheim genauso unsicher fühlten wie im Hafenviertel von Neapel.

Sie konnten nichts mehr realistisch einschätzen. Und sie ließen mir entnervt jede Menge Vor-Euro-Währungen da, die sie beim ständigen Länderwechsel umgetauscht hatten und mit denen sie so verständnislos umgingen wie mit Spielgeld. Die beiden Neuseeländerinnen riefen mich vor ihrer Reise an, um mir zu sagen, dass sie ein bisschen Zeit in England verbringen wollten, bevor sie nach Europa kämen. Ich sagte: »Fein, aber *by the way,* England gehört schon zu Europa.« Schweigen. *»Are you sure?«*, wurde ich zurückgefragt. Gut, für sie gehört England zum Commonwealth und hat mit dem Rest der Welt nichts zu tun. England ist ein Königreich außerhalb von Europa, liegt es doch auch vorgelagert auf einer Insel, man fährt dort links, hat seine eigene Währung und verehrt die Queen, ganz ehrlich, ich frage mich auch, gehört England zu Europa? Ist ja auch nicht so schlimm, weiß ich wirklich viel über Neuseeland? Vermutlich nicht.

Aber nun: Deutschland und Frankreich sind benachbarte Länder, und die Deutschen wissen von Frankreich ganz schön viel. Neulich sah ich bei arte einen Film, wo Franzosen und Deutsche nach den angrenzenden Ländern des jeweils anderen Landes gefragt wurden: Die Franzosen sollten die Grenzländer von Deutschland nennen, die Deutschen die Grenzländer von Frankreich. Können Sie ja grad mal kurz überlegen, ob Sie das wüssten? Ich war nicht wirklich gut darin, aber *chapeau,* die meisten Deutschen, die in einem Park in Berlin befragt wurden, kannten ohne langes Zögern fast alle an Frankreich angrenzenden Länder! Nur einer legte Frankreich neben Portugal, eine Dame nannte noch Marokko als Grenzland. Na gut, nicht ganz falsch, bisschen weit weg und das Mittelmeer liegt auch noch dazwischen. Die größten Fehler lagen darin, Monaco und Andorra zu vergessen. Das ist verzeihlich, finde ich. Aber was soll ich sagen? Glauben Sie, auch nur ein Franzose wüsste, was sich um Deutschland herum so ländermäßig tut? Nix da. Deutschland grenzt links an Frankreich und rechts an ... ähm ... Russland? Jugoslawien? Was ist denn da noch? Finnland? ... ähm ... Bulgarien? Ah, nein, Italien! Ich lachte herzlich und fragte Patrick nach den Grenzländern meines Heimatlandes. Danach war ich schockiert. Er weiß nichts.

Russland! Jugoslawien! Wo liegt noch mal Deutschland? In Sibirien?

Die Deutschen kennen Paris und die Schlösser der Loire, das Elsass und die schönsten Dörfer in der Provence, Bordeaux und alle Weinlagen, den Atlantik und die Bretagne. Sie paddeln die Ardèche runter und wandern in den Pyrenäen, und sie lieben die französische Lebenskunst und die französische Küche. Die Franzosen wissen von Deutschland herzlich wenig, und es interessiert sie auch nicht besonders. Es ist kalt »da oben«, es gibt das berühmte *Fête de la bière,* das Oktoberfest, den Schwarzwald, die Schwarzwälder Kirschtorte und *aaah, la choucroute!,* das Sauerkraut mit Würstchen und gekochtem Schweinebauch. Dann hört's auch schon auf. Und die *choucroute* treibt mich irgendwann noch in den Wahnsinn.

Neulich sahen wir einen Film *»Je vous trouve très beau«,* der unter dem Titel »Sie sind ein schöner Mann« auch in Deutschland im Kino lief. Ein verschrobener Landwirt sucht über eine Partnervermittlungsagentur eine Frau und reist eines Tages nach Bukarest, um eine Auswahl von Frauen persönlich kennenzulernen. Da er das vor seinen Freunden nicht zugeben will, gibt er vor, nach Hannover zu einer Landwirtschaftsmesse zu fahren. »Oh«, schreien alle seine Freunde entzückt auf, »du fährst nach Deutschland! Bring uns deutsche *choucroute* mit!« Das bringt ihn etwas in Verlegenheit, sodass er sich in Bukarest als Beweis für seinen Deutschland-Aufenthalt auf jeden Fall mit einem Schäferhund und vor einer deutschen Autoreklame fotografieren lässt, und *la choucroute* kauft er heimlich im französischen Supermarkt. Schmeckt dann auch eher unspektakulär, finden seine Freunde.

Ich weiß nicht, wieso uns dieses Sauerkraut so nachhängt. Stammt aus einer anderen Zeit, wahrscheinlich aus dem Ersten Weltkrieg, denke ich mir. Mir wird hier gern mal erzählt, wann und wo man eine sehr gute *choucroute* gegessen hat, als müsse mich das persönlich interessieren, und ich bemühe mich jedes Mal, wenn's um deutsches Essen geht, zu erklären, dass wir Deutschen, zumindest in heutiger Zeit, nicht jeden Tag Sauerkraut essen, was aber immer auf eine gewisse Verständnislosigkeit stößt. Ist doch so was Leckeres, *la choucroute!*

Selbst wenn es lecker ist, wie oft im Laufe eines Jahres essen Sie Sauerkraut mit Eisbein, Kasseler oder Würstchen? Und wie lange reden Sie dann davon, dass Sie Rippchen mit Kraut gegessen haben?

Zum letzten Weihnachtsfestessen im Gemeindesaal haben wir dann tatsächlich *la choucroute* gemacht. Na endlich, war die einhellige Meinung, und ganz klar war für alle, dass ich ihnen *la choucroute* gezaubert haben musste, ich, die Deutsche.

»*Alors,* Christjann, erzähl mal, wie hast du es gemacht? Mit Riesling? Mit Bier? Mit Champagner? Mit Schmalz? Hast du Zucker reingetan?« Unglaublich, wie lange und intensiv man über das Kochen von Sauerkraut reden kann. Es war aber Patrick, der Südfranzose, der ihnen das »typisch deutsche« (Weihnachts-)Essen gezaubert hat. Ich fantasierte ein bisschen, schließlich hatte ich in der Küche danebengestanden. »Machst du deine *choucroute* in Deutschland genauso? Schmeckt es genauso?« Soll ich jetzt sagen, dass ich in Deutschland etwa alle drei Jahre mal eine Dose aufgemacht habe? Und könnten Sie sich in Deutschland Sauerkraut mit Rippchen als erfolgreiches festliches Weihnachtsessen vorstellen?

Hier geht das. Und alle redeten noch tagelang davon. Ist das wirklich noch das deutsche Nationalgericht? Ich würde sagen, *la choucroute* ist heute in Frankreich viel traditioneller verankert als in Deutschland, aber glauben tut mir das hier keiner.

Fehlt noch was? Ach ja, die Polka. Schade, dass man im Buch nichts anklicken kann, im Blog war hier ein schöner Link zu Gus Backus' ohrwurmverdächtiger Sauerkrautpolka aus den Sechzigerjahren … und eins, zwei, drei, vier:

Ich esse gerne Sauerkraut und tanze gerne Polka
und meine Braut heißt Edeltraut,
sie denkt genau wie ich …

Bei Nacht sind alle Katzen ... wach!

Gestatten, Pepita! Das ist sie, meine neue kleine große Liebe. Diese vorwitzige, freche Katze mit dem Korkenzieherschwanz und dem rosa Clownsnäschen, die als Erste von allen fünf aus dem Karton geklettert ist, die als Erste ihr Minihäufchen ins Katzenklo gemacht hat und die als Erste die vielen Stufen nach unten runtergehüpft ist und draußen sofort einem Herbstblatt hinterherrannte! Und die gerade auf meinem Schoß liegt und schläft, nachdem sie den ganzen Vormittag nur Unsinn gemacht hat.

Sie sind eine unglaubliche Rasselbande, die fünf kleinen Kätzchen, und mit Vorliebe nachtaktiv. Ich habe vor einiger Zeit einen Text für ein Katzenbuch geschrieben, den ich damals »Kurz vor fünf« nannte, weil das die Zeit war, in der Caline aktiv wurde und ihre Babys weckte – und im Weiteren mit ihrem Miauen und dem Fiepen der Kleinen auch uns. Damals waren sie gerade geboren und krabbelten noch wie kleine Würmchen um Caline herum und noch nicht aus dem Karton heraus, und ich sehnte den Moment herbei, wo sie endlich selbstständig werden sollten. Aus heutiger Sicht weiß ich, dass dieser Wunsch nur aus völliger Unkenntnis der Situation entstehen konnte. Ein vergleichbarer Text würde heute »Kurz vor drei« heißen oder »Every Night Fever« oder auch »Insomnia«. Wir sind chronisch übermüdet, weil die fünf jede Nacht zum Tag machen und unser Bett nachts zum bevorzugten Spielplatz auserkoren haben. Ich trau mich nachts schon nicht mehr aufs Klo, weil jede Fremdbewegung als Signal zum Spiel ohne Grenzen verstanden wird. »Oh! Christiane ist aufgestanden!« Alle fünf heben verschlafen den Kopf. »Gibt's Futter?« Alle fünf folgen mir ins Badezimmer. »Futter? FUTTER???« Irgendwie geht's nicht schnell genug und Pepita springt an meinen nackten Beinen hoch. Ich schreie laut auf vor Schmerz. Erschrocken kuckt sie mich an. »Was'n? Das mach ich doch immer so?« Ja, aber tagsüber hab ich eine Hose an, da tut's nicht ganz so weh, für einen Baumstamm gehalten zu werden. Ich sehe sowieso aus, als wäre ich in eine Dornenhecke gefallen, Hände, Arme, Beine und Dekolleté sind total zerkratzt von den kleinen süßen Katzenkrällchen. Pepita und die anderen vier sind ein bisschen enttäuscht. Kein Futter anscheinend. Na, macht auch nichts, spielen wir eben ein bisschen, wenn wir schon aufgestanden sind: Dann wird gehüpft und gekämpft, geboxt, gequietscht und gekratzt. Da werden alle Kleenextücher aus der Box gezerrt, dann wird selbst in die Kleenexbox gekrabbelt und schließlich geschrien, weil man nicht mehr rauskommt. :lm,,ll:y::m (dies ist ein Originaltext von Pepita, die gerade erwacht ist und neugierig ihre Pfötchen auf die Tastatur drückt) ,,,,,,; ,,:,,,,,,,,,vn,,,, ,n,;;;n,bbbbbbbbbbbn;;;;;;;;;;;;; b (- àobnpbopbpujm:!!!:nj – yyyyyyyyyyyyyyyyyjjjjjjjjjjjjjjj-«rèu-rfif – Taschenbücher werden angeknabbert, die Tassen klirrend vom Nachttisch geschubst, am Moskitonetz hochgeklettert und sich darin verheddert und herzzerreißend gequietscht, weil man noch nicht gelernt hat, seine kleinen Krallen bei Bedarf auch mal wieder einzuziehen, und sozusagen mit einem Fingerchen irgendwo hängen geblieben ist. Patrick und ich sind reine Bettdekoration und dienen vor allem dazu, naturgetreue Berg- und Tal-Nachbildungen zu liefern, über uns wird gewandert, gesprungen, gerollt, geschlichen, ein sich unter der Decke bewegender Fuß wird gnadenlos attackiert. Caline ist derweil vom Bett auf den Badezimmerteppich umgezogen, weil selbst sie langsam die Nase voll hat von ihren gefräßigen und wilden nachtaktiven Kindern.

Wir haben keinen alternativen Ort, an dem wir schlafen könnten, also schubst Patrick die fünf Wilden unsanft aus dem Bett, weil er ungestört weiterschlafen will oder es zumindest versucht. Macht gar nichts, denn auch außerhalb des Bettes ist es klasse. Sie klettern auf den Sessel und in den Wäschekorb, sie klettern ins Bücherregal und werfen gleich mal ein paar störende Sachen runter. Die schräg liegenden Aktenordner sind eine Eins-a-Rutschbahn, und man fällt direkt in eine große raschelnde Tüte, das dauert, bis man sich da wieder befreit hat, und es knistert die ganze Zeit so spannend. Der Papierkorb ist auch ein guter Spielkamerad, manchmal fällt er einfach plötzlich um, und sofort kullern so tolle Sachen heraus. Da werden die Katzen zu kleinen Eishockeyspielern und jagen und knurren sich, so klein sie sind, gegenseitig die Beute ab. Und dann ist da noch das Bad mit dem in der Zwischenzeit arg zerfetzten Duschvorhang, an dem, wie an einer Kletterwand, energisch das Aufsteigen geübt wird. Super ist auch, wenn man abrutscht und alle Duschgels und Shampoos und Körperlotionen dabei umwirft, das macht rummmsklirrdotz, richtig klasse. Oder sie schaukeln am Duschschlauch, bis die Dusche ein paar Tropfen Wasser abwirft, iiiiih ... Nichts, aber auch gar nichts ist sicher vor den fünf Explorateuren. Es kruschpelt und raschelt, es quietscht und miaut, es plumpst, es rumst, es dotzt und es kratzt, weil sich immer wieder eine am Bett hochzieht, um dann schnell über uns hinwegzugaloppieren und auf der anderen Seite wieder runterzuhüpfen. Gegen fünf, wenn sie uns richtig wach gespielt haben, fallen sie plötzlich eine nach der andern um. Dann schlafen sie wie tot, und ich bin trotz übermüdeter Gereiztheit sehr gerührt, weil Pepita sich gerne in meine Halsbeuge kuschelt, während die anderen vier meistens wie ein großes schwarz-weißes Fellknäuel erschöpft übereinanderliegen. So ist es jede Nacht. Es ist anstrengend! Wir lassen sie jetzt jeden Tag mehr und mehr richtig raus, damit sie sich draußen austoben können, aber einen positiven Effekt auf den Nachtschlaf hat es bislang nicht. Es wird nur noch mehr gefressen!

Bei aller gemeinsamen Rumtoberei der fürchterlichen fünf haben sie doch alle ihren eigenen Charakter. Pepita ist die Vorwitzigste von allen, sozusagen die Anführerin, die sich kopfüber nach unten ins Abenteuer wirft oder auch nach oben, kommt ganz drauf an.

Als Zweites kommt Zickzack, den wir aufgrund seiner Kletterkünste auch Tarzan nennen, obwohl es ebenfalls ein Mädchen ist und daher vielleicht besser Jane heißen sollte. Zickzack ist ein Siamkätzchen geworden, hat ei-

nen gezackten Schwanz, wie ein Zorro-Symbol. Wie keine Zweite schaukelt sie am Moskitonetz oder am Duschvorhang hin und her, als wollte sie sich von Liane zu Liane schwingen. Sein siamesischer Zwilling mit perfektem Katzenschwänzchen hingegen ist schüchtern und heißt auch so: Timide. Er ist der Letzte, wenn's darum geht, die Treppe runter- und rauszurennen. Jämmerlich weint er, wenn er als Einziger übrig bleibt, hopst seinen Geschwistern dann doch noch hinterher, um sich alsbald unter dem großen hölzernen Blumenkasten zu verstecken. Bisschen zu viel Welt da draußen für Timide, der so zart und sanft ist.

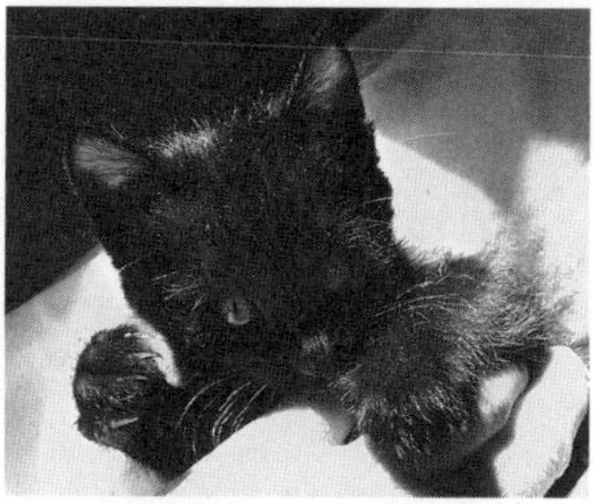

Dann der rabenschwarze, nach einem Lakritzbonbon benannte Cachou, der beste Krawall-Kumpel von Pepita und Zickzack, wenn es darum geht, nachts eine Fete zu feiern oder sich kleine Kämpfchen zu liefern. Der aber, wenn es ihm reicht, lammfromm angehopst kommt und bevorzugt auf Patricks Bauch einschläft. Und als Letztes das schwarze Schwesterchen, die zarte Chocolat, die sich am liebsten unter dem Kühlschrank im Restaurant verkriecht. Da sieht sie keiner, es vibriert behaglich und es ist so schön warm, als wäre es Mamas Bauch.

Drei von fünfen sind wild, drei von fünfen haben einen witzigen, deformierten Schwanz, wie schon Caline, womit die Diskussionen, ob sie ihn sich in der Tür eingeklemmt hatte, hinfällig geworden sind. Pepita hat sogar einen richtigen Korkenzieherschwanz, was sie sehr eigen und ein bisschen unelegant aussehen lässt. Aber sie kann sowieso aussehen und machen, wie und was sie will, ich bin verliebt in sie, wie

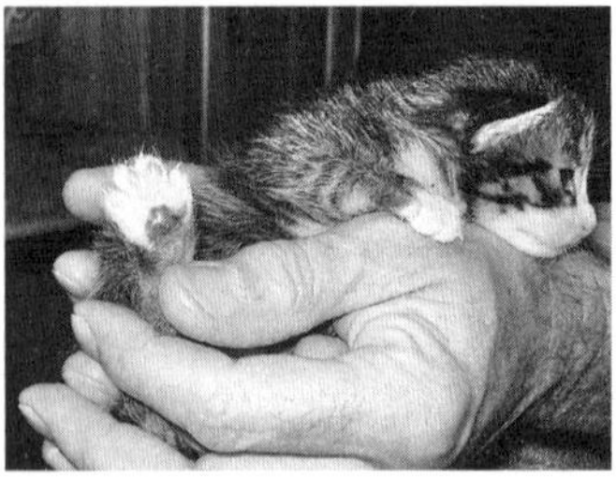

auch schon in Caline. Pepita fand ich schon hinreißend, da lag sie noch klein wie ein Mäuschen in meiner Hand. Nachts könnte ich sie alle fünf manchmal an die Wand klatschen, aber gleichzeitig sind sie so hinreißend, dass ich sie eigentlich nicht mehr hergeben mag. Sie sind verfressen und wild, sie machen jede Menge Unsinn, und sie kacken ununterbrochen stinkende Häufchen, am liebsten mindestens zu dritt ins frisch gefüllte Katzenklo, aber sie sind toll! Meine Kinder!

Es grüßt für heute erschöpft, aber stolz
die Vize-Katzen-Mama

November

November in Südfrankreich ist auch nicht besser als anderswo. Zumindest wenn man in den Bergen wohnt. In Nizza, Antibes und Marseille trinkt man seinen Mittags-*Apéro* vielleicht noch auf einer sonnigen und windgeschützten Terrasse. Hier nicht. Patrick hatte tage- und nächtelang über Rückenschmerzen geklagt, untrügliches Zeichen der alten Veteranen bei Wetteränderung, und tatsächlich ist es bereits Ende Oktober über Nacht kalt geworden. Zwei Tage lang hatte es auch schon geschneit, der Schnee ging dann auf unserer Höhe in eiskalten Regen über, aber 300 Meter weiter oben blieb er als Schnee liegen, die Berggipfel um uns herum sind weiß, alle *cols* sind gesperrt.

Dunkel wird es auch immer früher. Schön, wenn man dann am Holzfeuer sitzen kann. Wir haben aber noch kein Holz gemacht. Das, was wir gerade verfeuern, sind die letzten Reste des nachgekauften Frühjahrsholzes. Wir müssen Holz machen. Und, das habe ich ja etwas weiter vorne schon mal geschrieben, Holz machen beginnt hier in dieser archaischen Welt mit »in den Wald fahren und Bäume fällen«. Bis das Holz dann klein gehackt und ordentlich geschichtet vor dem Haus liegt, ist nicht wenig körperliche Arbeit gefragt. Vor allem ist es mit einem Baum oder zwei, drei Bäumen nicht getan. In einem kalten und langen Winter, wie er uns vermutlich bevorsteht, verfeuert man schon mal ratzfatz 15 Ster Holz. Je nach Größe können das gut bis zu dreißig Bäume sein. Das macht der ordentliche

Landmensch schon im Sommer oder wann immer er ein bisschen Zeit findet, und eigentlich einen Sommer im Voraus. Also, das Holz von diesem Sommer wird im Winter 2009/10 verheizt. So ungefähr jedenfalls. Das macht man so, damit das Holz bis dahin schön trocken geworden ist. Wir hinken seit Anbeginn unseres Hierseins damit hinterher und schaffen es mit Ach und Krach, halbwegs ausreichend Holz für den jeweils aktuellen Winter zu machen, das dann leider zu frisch ist und schlecht brennt. Ich bin ja in der Zwischenzeit Meisterin im Holzfeuer-Anmachen geworden. Aber mit feuchtem oder zu frischem Holz ist es *la galère,* wie man hier sagt: eine verdammte Plackerei, und es brennt und heizt nicht gut. Unser Problem in diesem Jahr ist, dass wir im Spätsommer und Herbst entweder so gutes Wetter hatten und Gäste und somit nicht für mehrere Tage in den Wald verschwinden konnten, oder wenn wir keine Gäste hatten, dann war so schlechtes Wetter, dass wir lieber nicht in den Wald gegangen sind. Abgesehen davon, dass ich bis vor Kurzem wegen meines gebrochenen Fußes noch humpelte und bis heute nicht so richtig einsatzfähig bin, was das Schleppen von zersägten Baumstämmen auf unwegsamem Gelände angeht. Früher hätte mich diese holzlose Situation kurz vor dem ersten Schnee nervös gemacht, heute vertraue ich darauf, dass mein Mann irgendwann doch noch einen Energieschub bekommt und er, wie sich das in der ländlichen Männerwelt gehört, »ins Holz gehen« wird.
Klar kann man auch Holz kaufen, das ist hier aber wahnsinnig teuer, denn Holz kaufen tun hier nur die reichen Zweitwohnsitzler von der Côte d'Azur oder aus Monaco, und die bezahlen jeden Preis, bevor sie in ihrem Châlet frieren. Das wissen die Jungs vom Land und haben die Preise ordentlich gesalzen.

Morgen ist der 11. November. Da wird in Kölle auf dem Alten Markt fröhlich geschunkelt und der Dom mal wieder in Kölle gelosse, und überall sonst laufen abends Kinder mit ihren Laternen durchs Dunkel und singen »Ich geh mit meiner Laterne ... rabimmelrabammelrabumm«. Nicht in Frankreich. Kein Karneval, keine Martinsumzüge. Keine Laternen. In Frankreich ist der 11. November der Gedenktag zum Ende des Ersten Weltkriegs. *La Grande Guerre. Armistice.* Bücher, Filme, Dokumentationen zum Ersten Weltkrieg allüberall. In jedem noch so winzigen Dorf Frankreichs gibt es an diesem Tag eine Gedenkveranstaltung vor dem Kriegerdenkmal. In meinem ersten Winter in Frankreich wusste ich nichts mit dem 11. November anzufangen. Ich weiß nicht mehr genau, in welcher Situation es war und worum es ging, aber ich schlug für irgendeine Aktivität besagten Tag vor, und ich erinnere mich, dass man mir empört antwortete: »Aber Christjann, das ist der 11. November!« Ich fragte: »Was ist denn am 11. November so Dolles?« Keiner wollte mir glauben, dass ich es wirklich nicht wusste. Ausgerechnet eine Deutsche weiß nicht, was am 11. November ist?
Ich weiß von den Schlachten und dem Abschlachten des Ersten Weltkriegs. Ich weiß weniger als über den Zweiten, aber ich weiß. Ich habe von Remarque »Im Westen nichts Neues« gelesen und »In Stahlgewittern« von Ernst Jünger. Ich habe Dokumentationen gesehen. Ich habe an der Uni Seminare belegt. Und irgendwann habe ich auch verstanden, warum Deutschland Frankreich den Krieg erklärt hat, obwohl doch »nur« in Sarajevo jemand erschossen worden war. Aber bis heute bleibt mir dieses anfangs fröhliche In-den-Krieg-Ziehen fremd. Und all dieses soldatische Heldentum. Unser ältester Einwohner hier im Dorf hat den Ersten Weltkrieg noch als Kind erlebt (er ist 99 Jahre alt), will sagen, der Erste Weltkrieg ist eigentlich noch greifbar,

und doch bleibt er für mich abstrakt weit weg. Vielleicht auch, weil er nicht auf deutschem Boden stattgefunden hat. Nicht sichtbar ist.
Am eindrücklichsten war für mich vor einigen Jahren der Besuch einer Gedenkstätte in den Vogesen, der ehemals heftig umkämpfte Hartmannsweilerkopf, *Vieil Armand* auf Französisch. Nicht nur der Friedhof mit Tausenden weißen Holzkreuzen hat mich erschüttert, viel mehr noch der historische Wanderweg über den Hartmannsweilerkopf, der zu Erdlöchern führt und durch Gräben hindurch, an Bunkern, Hütten und Gefechtstellungen vorbei. Ein kleines Stahltürmchen mit Augenschlitzen steht da irgendwo im sandigen Gelände, gerade groß genug für einen Mann, der darin Wache stand oder der darin als Einziger mit einem Gewehr zur Verteidigung eines strategischen Ortes übrig blieb. Das hat mich nachhaltig beeindruckt. Trotzdem wusste ich nicht, dass der Krieg, der hier nur *La Grande Guerre* heißt, durch ein Waffenstillstandsabkommen am 11. November offiziell als beendet galt. Und dass dieser Tag hier nach wie vor ein hoher Gedenktag ist. Die Franzosen finden es übrigens respektlos, dass wir an diesem Tag, wenn auch nur regional, ins Karnevalsfieber fallen.

Um noch die Kurve ins weniger Novembertraurige zu kriegen, verrate ich Ihnen, dass wir seit November eine Satellitenantenne haben, die Patrick todesmutig auf dem Dach installiert hat, und siehe: Wir haben nun auch deutsches Fernsehen! Das war mir vorher gar nicht klar, wir wollten nur mal was anderes als TF1 sehen, und ich wollte vor allem arte. Das haben wir jetzt auch und dazu leider massive Programmstreitigkeiten, die wir natürlich nicht hatten, als wir sowieso nur ein Programm sehen konnten. Ich klebe seitdem wirklich am Fernseher, *scotché,* wie man hier sagt, analog zum Klebstoff der gleichnamigen Firma. Endlich kann ich all die Auswanderergeschichten ankucken und endlich auf dem Blog zum Thema Promi-Dinner mitreden. Am ersten Vox-TV-Tag, als ich nicht aufhörte, über all diese naiven Auswanderer zu schimpfen, schlug mir Patrick vor, den Fernseher doch einfach auszuschalten, aber nee, nach drei Jahren deutscher Fernsehabstinenz musste das sein.

Meine Heimwehwunde erhielt ein Trostpflaster: deutsches Fernsehen, deutsche Talkshows, deutsche Serien! Wunderbar!

Und noch was Schönes: Ich fliege am Freitag heim. Jaja, ich habe »heim« geschrieben. Kam so aus dem Unterbewusstsein und so lasse ich's stehen. Zwar mal wieder nur kurz, zu kurz, um alles zu machen und alles und alle zu sehen. Aber so fürs Auftanken reicht's. Und dann habe ich ja jetzt auch deutsches Fernsehen in Frankreich!

Deutschland

Ich war also mal kurz daheim und schreibe jetzt, wo ich wieder zu Hause bin, natürlich auch einen Meckerartikel, wie alle arroganten Auslandsschnöselchen. Gut, da gibt's auch Ausnahmen, in Hamburg soll es ganz nett sein, und sogar sonnig, habe ich grad gelesen. Ich meckere nämlich als Erstes übers Wetter. Es gab keins, hätte ich nach Ankunft in Heidelberg gesagt. Es war morgens grau, tagsüber hellgrau, abends grau. Kein Wind, kein Regen, kein Schnee. Und vor allem keine Sonne. Die dicke graue Decke über mir und die Abwesenheit von allen Anzeichen gefühlten Wetters ließen bei mir Assoziationen entstehen, wie in etwa ein Leben in einem weichen Karton aussehen könnte. »Gummizelle«, dachte ich. Diese Arroganz nahm mir der deutsche Wettergott dann übel, und in Köln sorgte Herr Kachelmann, oder wer auch immer in Deutschland zurzeit fürs Wetter zuständig ist, dafür, dass mir der Atem wegblieb, bei waagerecht um die Ecke fegenden Graupelschauern. Und das mitten in der Innenstadt. Alles hatte ich: Schnee, Regen, Wind, Graupel. Nur keine Sonne. Ich nahm es wirklich persönlich, weil mir jedes Mal ein eiskalter Wind um den Kopf pfiff, wenn ich just sehr sensibel war: Ich kam vom Friseur, wo ich gerade so sehr kopfverwöhnt worden war, und ich mochte meine hübsch hingeföhnten Locken nicht unter einen schnöden Fleecehut stopfen, oder ich kam aus der Sauna, SAUNA!!! Sie können sich gar nicht vorstellen, wie ich das hier vermisse, mich wohlig in der

Hitze einer Sauna aufzuwärmen! Also, ich kam aus derselben, und es schneite, aber nicht die netten romantischen weichen Schneeflöckchen, Weißröckchen, nein, ein aggressiver Schneesturm. Auch dieser sprang mich waagerecht an, mein Fleecehut flog davon und ich fluchte angesichts von so viel Sch...wetter in Deutschland.
Ich hätte auch gesagt, Deutschland ist in kollektiver Trauer, zumindest gab mir der gegenüberliegende Bahnsteig, als ich in Köln ankam, ganz stark dieses Gefühl. Alle Menschen, die da standen, und da standen viele, waren ganz in Schwarz gekleidet. Ich auch, das gebe ich zu. Aber den Anblick war ich nicht mehr gewohnt. Zumindest die Frauen in Südfrankreich sind variantenreich in allen Rosa-, Blau-, Violett- oder Rottönen gekleidet, ebenso in allen Weiß-, Creme-, Elfenbein-, Beige- oder Goldnuancen. Ich hatte bislang nie so sehr darauf geachtet, aber die Abwesenheit von heller Kleidungsfarbe in deutschen Städten im Winter hat mich dann doch irritiert.

Dann hatte ich zwei sehr hübsche Begegnungen im deutschen Einzelhandel, die mich geradezu wütend gemacht haben und die ich nur deswegen höflich durchgestanden habe, weil ich zähneknirschend dachte: »Da schreib ich was drüber.« Ich möchte zum besseren Verständnis vorausschicken, dass ich als deutsche Ausländerin im französischen Landeinzelhandel tätig war. Ich bin auch gelernte Buchhändlerin. Ich kenne das also. Also, das Nettsein auch zu Kunden mit unmöglichen Wünschen und Ansprüchen. Ich bin aber, glaube ich zumindest, erst mal eine nette Kundin, schon weil ich weiß, wie es ist, wenn man seine Tage hat und Bauchkrämpfe, aber es hilft nichts, die Schlange vor der Kasse ist lang. Ich sehe den Stress und die müden Augen der Verkäuferin, und ich kann manchmal sehen und oft verstehen, was sie denkt. Außerdem, das gebe ich zu, hatte ich einen etwas außergewöhnlichen Wunsch: Ich suchte nämlich Poesiealbumbildchen. Und zwar weihnachtliche Motive. Kann sein, dass die jüngere Generation meiner Leserinnen (und Leser, ein paar habe ich ja!) das nicht mehr kennt, aber wir Mädchen von vor der »Generation Golf« oder »- Doof« hatten früher Poesiealben und haben uns da gegenseitig kleine reizende Gedichte und Verse reingeschrieben, »Ich schreibe dir aufs letzte Blatt, weil ich dich am liebsten hab ...« zum Beispiel. Und wir haben uns mit »Dies schrieb dir zur ewigen Erinnerung deine Freundin Beate« ewige Freundschaft geschworen. Gleichzeitig war aber sehr wichtig, dass so ein Album voll war, damit man sehen konnte, wie doll viele Freundinnen man hatte, und mit allen kann man ja nun nicht ewige Freundschaft halten, auch wenn man es sich schriftlich gegeben hat. Das ist wahrscheinlich der Grund, warum ich gar keins dieser Mädchen mehr kenne. Aber vielleicht auch, weil wir so oft umgezogen sind. Nun gut. Als schmückendes Beiwerk zu den innigen Versen konnte man nun etwas malen, wenn man das gut konnte, sonst besser etwas reinkleben, und reingeklebt wurden vor allem eben diese Poesiealbumbildchen. Die heißen je nach Landstrich anders, aber aussehen tun sie überall gleich: geprägte Papierbildchen, die vor allem Blümchen und Engelchen zeigen, aber auch Tiere. Kätzchen oder so. Manchmal mit Glitzerstaub drauf. Wunderschön eben. Man konnte sie im Bogen kaufen und dann herauslösen. Das erinnert mich gerade stark an Ausschneidepuppen. Vielleicht sollte ich da mal nachforschen, ob es die noch gibt. Aber ich hatte gerade schon mit den Poesiealbumbildchen genug zu tun.

So, wir nähern uns dem Kern der Sache, ich will diese Bildchen, weil wir hier im Dorf am Nikolaustag unser großes Weihnachtsessen für etwa achtzig Personen machen. St. Nicolas ist der Namenspatron und damit der zuständige

Heilige unseres Dorfes. Nikolaus wird, das nur am Rande, in Frankreich übrigens nicht gefeiert. Also, zumindest im Süden nicht. Vor die Tür gestellte Stiefel kennt hier keiner. Und es kommt auch kein als Nikolaus verkleideter Nachbar bei den Familien mit Kindern vorbei und will ein Gedicht hören und weiß merkwürdigerweise, dass man mal die Hausaufgaben nicht gemacht hatte. Zurück zu den Bildchen, die ich als Tischdekoration einsetzen will. Ich mache da jedes Jahr etwas anderes, und dieses Jahr hatte ich eben die Idee mit den Bildchen. Ich hätte aber nicht gedacht, dass es so schwierig würde. Kein Schreibwarenladen, keine Buchhandlung, kein Kaufhaus, kein Dekoladen hat so was noch. In Heidelberg gibt es einen Laden, wo man das ganze Jahr über Weihnachtsartikel kaufen kann. Allerliebst. Hier müsste es so etwas doch geben?! Der Laden ist genau wie die Heidelberger Altstadt und das Schloss ganzjährig überschwemmt von amerikanischen und japanischen, koreanischen oder chinesischen Touristen. Demzufolge gibt es eine junge Verkäuferin, die vermutlich aus einem dieser fernöstlichen Länder stammt und eine dieser oder meinetwegen auch alle diese Sprachen spricht. Ich weiß nichts über sie, ich finde eine Asiatin im Dirndl schon bizarr genug, ich weiß nicht, ob sie ausländische Studentin ist und das so nebenbei macht oder ob sie nicht vielleicht doch hier aufgewachsen und Deutsche ist. Sie ist auf jeden Fall die einzige freie Verkäuferin, und ich wende mich an sie mit ebendiesem Wunsch nach Poesiealbumbildchen. Sie versteht nicht, was ich suche. Ich verstehe augenblicklich, sie ist Japanerin oder Koreanerin oder ich weiß nicht was, und ich versuche zu erklären, wie die Bildchen aussehen und wofür sie verwendet wurden, das war aber des Guten zu viel, denn sie glaubt nun, ich suche Fotoalben. So etwas haben sie nicht. Ich versuche noch mal zu erklären, dass ich Bildchen suche, die so etwas Ähnliches wie

Aufkleber sind, die heute Sticker heißen. Aber vermutlich habe ich sie in eine Situation gebracht, in der sie ihr Gesicht verloren hat. Sie hat mich nicht verstanden, sie weiß nicht, was ich suche, oder was auch immer das Peinliche war. Jedenfalls schaut sie mich nicht mehr an und hört mir nicht mehr zu, sondern dreht sich um und ordnet irgendetwas im Regal. Sie lässt mich einfach stehen. Sie hat nicht eine ihrer deutschen Kolleginnen um Hilfe gebeten oder mich an eine verwiesen, sie hat nicht mal bedauernd gelächelt oder überhaupt gelächelt.

In der Apotheke lande ich mit meiner langen Liste bei einem Apotheker, der sichtbar und hörbar, sagen wir, einen Migrationshintergrund hat. Es ist ja zunehmend schwieriger, sich politisch korrekt auszudrücken. Schon das erste von mir gewünschte Medikament kann er nicht im Computer finden. Er fragt mehrfach nach, ich versuche langsam und deutlich zu sprechen, frage, ob ich mit ihm im Computer kucken soll, oder soll ich es ihm besser aufschreiben? Vermutlich ist er gekränkt, weil ich ihm das angeboten habe, er sagt weder Ja noch Nein. Aber er findet es nicht und sagt nach einer Weile sehr bestimmt: »Gibt nisch mehr.« Ich sage, dass ich das nicht glaube, noch vor nicht allzu langer Zeit hat es meine Mutter in ebendieser Apotheke gekauft. Er findet es aber nicht in seinem Computer und wiederholt: »Gibt nisch mehr.« Nur weil ich insistiere, sucht er weiter, und siehe da! Tatsächlich findet er es dann doch noch, hat es aber nicht da. Kein Wort der Erklärung oder Entschuldigung oder wenigstens ein Lächeln, das so etwas andeuten könnte. Klar ist es unangenehm, etwas nicht richtig zu verstehen, wer wüsste das nicht besser als ich, die ich ständig mit nuschelnden Franzosen zu tun hatte, die garantiert ein Spritzmittel für den Garten oder ein Werkzeug suchen, das ich weder auf Deutsch noch auf Französisch kenne. Aber ich kann doch dann nicht einfach behaupten: »Gibt's nicht mehr«, oder die Kunden stehen lassen, wenn es mir peinlich ist, oder? Mann! Ich war so sauer!

Ansonsten war's nett. Ich hatte freundliche Begegnungen und kleine reizende Plaudereien mit Taxifahrern und Bodenstewards, alle vermutlich mit Migrationshintergrund, so etwas hätte ich früher nicht erlebt, glaube ich. Ich hätte früher überhaupt nicht so viel mit wildfremden Menschen gesprochen. Das ist vermutlich, oh, là, là, das Franssöhsische in mir, ein bisschen was von dieser freundlichen Schwatzhaftigkeit hat also schon auf mich abgefärbt.

Einen netten kleinen Laden mit exakt den Poesiealbumbildchen meiner Kindheit habe ich dann übrigens in der Kölner Südstadt gefunden. Und der ganzjährige Weihnachtsladen in Heidelberg hatte auch wunderschöne weihnachtliche Motive. Aber da muss man die Chefin kennen. Dann geht das.

hein?

Hein? Was soll das denn nun? Hein? Schreibt sie jetzt über einen norddeutschen Jung? Über Hein Blöd vielleicht? Oder was? Neinnein! Dieses *hein* ist ein typisch französisches Wörtchen. Ausgesprochen wird es etwa wie ein nasales, lang gezogenes »Äääh n?«, und es kann viele Bedeutungen haben. Gern wird es an Sätze angehängt, wie im Hessischen das »gell« oder sonst das »oder« oder das »was«. Fragend oder fragend affirmativ, würde ich sagen. Ein paar Beispielsätze zur Veranschaulichung: »Macht doch nichts, oder?« »Das findest du doch auch, oder?« »Schön, gell?« Die französische Entsprechung wäre etwa: *Ça ne fait rien, hein? Tu penses la même chose, hein? Joli, hein?* Es kann aber auch fragend überrascht oder für nicht verstehend eingesetzt werden: Hä? Was? *Hein? Quoi?* Na, so in etwa sind das die Gelegenheiten für das französische *hein*. Ich bin irgendwann in einem übersetzten französischen Roman darauf gestoßen, wo dieses Wörtchen nicht übersetzt wurde, weil es vermutlich so typisch französisch ist und so viel bedeuten kann. Aber damals war es mir einfach fremd, und ich sprach es gedanklich nicht französisch, sondern deutsch aus, wie den norddeutschen Männernamen Hein, und wunderte mich über die vielen *»heins«*, denen ich einfach keinen Sinn entlocken konnte. Und eigentlich dachte ich im Kopf genau den Laut, den das *hein* ausdrücken sollte: Hä? Wiewasjetzt?

Ich war ja gerade in Deutschland, und nett war dort, dass ich nicht nur in gewohnter Schnelligkeit flüssig erzählen konnte, sondern auch noch witzig. Oder ironisch. Hier versteht ja keiner, wenn ich versuche einen Witz zu machen, so wie heute Morgen, als ich trocken und ohne eine Miene zu verziehen einen, wie ich fand, witzigen Spruch brachte, der augenblicklich alle verstummen ließ. Sie sahen mich mit verständnislosem Blick an. Weder Ton noch Spruch kamen hier als Witz an. Wenn ich ein Wortspiel versuche, werde ich gerne korrigiert, weil man glaubt, ich hätte einen Fehler gemacht. Versuche ich ironisch zu sein, muss ich immer eine riesige Grimasse ziehen und schnell sagen *je rigole,* also: »Kleiner Scherz« bzw. »Ich mach nur Spaß«. Sonst glauben alle, ich hätte sie gerade grob beleidigt. Keiner sieht oder versteht hier meine Originalität, die für Franzosen ganz offensichtlich nicht witzig und allenfalls unverständlich originell ist. Dabei haben die Franzosen alle Art von Sprachverballhornungen im Blut: Und gesprochene Sprache ist ganz anders als geschriebene. Da werden Silben verschluckt oder Worte gar nicht gesprochen, und neben der, wie überall, sich schnell verändernden Jugendsprache gibt es das umgangssprachliche oder familiäre Französisch, dann das fast immer vulgäre *Argot,* ursprünglich eine Gaunersprache, oder das *Verlan,* eine Art *Argot,* das gesprochen wird, indem man die Silben oder ganze Worte umdreht, sie also *à l'envers* (= Verlan) spricht. So wird aus *laisse tomber* (wörtlich: »Lass es fallen«, also: »Vergiss es«) ein *laisse béton,* oder aus *femme* wird *meuf,* eine leicht abschätzige Bezeichnung für die Frau. Wenn es auch nicht alle sprechen, so versteht es doch immerhin jeder. Oder fast jeder, das hängt, wie überall, ein bisschen mit der sozialen Herkunft und dem Alter zusammen.

Ich habe mein Französisch zunächst im Bauernhofalltag und vor allem von jüngeren Menschen erlernt, sodass ich heute ein sehr spezielles landwirtschaftliches Vokabular habe und ziemlich gut flapsig und umgangssprachlich reden, jedoch weniger gut bis gar nicht gepflegte Konversation machen kann. Das fällt mir immer dann auf, wenn beispielsweise meine Schwiegermutter kurz zusammenzuckt, wenn ich etwas sage. Ich spreche also eine Art Landstraßenfranzösisch. Ein bisschen rau und derb. Und manchmal versteht *ma belle-mère* mein unangemessen jugendliches Französisch wohl auch nicht.

Ich werde auch dann nicht verstanden, wenn ich unsere kleinen, halb abwesenden Laute für Ja oder Nein, also das bejahende »Hmhm« oder das verneinende »Mhmh«, anwende, denn die sind im Französischen nicht gleich besetzt. Mein bejahendes »Hmmm« oder »Hmhm« wird hier als fragendes *hein?* verstanden. Wie oft fragt mich Patrick zweimal hintereinander das Gleiche, weil ich mein deutsches bejahendes »Hmmmm« gemurmelt habe, und er glaubt, ich hätte seine Frage nicht verstanden. Und bevor ich das begriffen hatte, sagte ich oft ungehalten: »Mann, wieso fragst du alles zweimal, ich habe doch schon JA gesagt.« Er aber hatte *hein?*, also *äääh n?* gehört und dachte, ich stünde mal wieder auf dem Schlauch.
Das, was hier ein bejahender Laut ist, klingt in meinen Ohren hingegen wie eine unhöfliche Verneinung; es ist mehr so ein kurzes, hingeworfenes »Mh«. Ich habe es zuerst gar nicht als »Ja« verstanden, dann habe ich es mir sogar angewöhnt, und eine deutsche Freundin meinte neulich angeekelt, es höre sich jedes Mal an wie der Ansatz eines Rülpsers oder als wolle ich mich gleich übergeben, und ich solle es mir flugs wieder abgewöhnen.
Ich mache immer noch ganz oft diese deutschen »Hmmmms«, die manchmal ja auch so eine leichte Unentschlossenheit ausdrücken können. So ein »Joaaah, warum

nicht«. Patrick versteht das natürlich gar nicht. Schon bei meinem, wie ich finde, eindeutigen Ja- und Nein-Gehmmse seufzt er nur genervt: »Kannst du nicht bitte einfach nur Ja oder Nein sagen?« Hmmmm, mal sehen, das nächste Mal vielleicht ...

Holz machen und Schnee schaufeln

Seit dreieinhalb Jahren lebe ich in den Bergen, es ist der vierte Winter, den ich hier verbringe, und so früh ist es noch nie so kalt geworden, und so früh hat es auch noch nie so viel geschneit. Möglicherweise bleibt der Schnee nicht lange liegen, aber er hat uns jetzt ein paar körperlich arbeitsintensive Tage beschert, denn wenn man den Schnee nicht sofort vom Platz schaufelt oder wenigstens einen kleinen Weg hineingräbt, ist unter Umständen später kein Durchkommen mehr möglich. Je nachdem, wie viel Schnee noch fällt, das weiß man ja vorher nicht so richtig. Da der Platz vor der *Auberge* im Winter nicht von der tief stehenden Sonne erreicht wird, taut der Schnee dort in der Regel nicht weg, sondern gefriert nur und wird hart und ist mit einer normalen Schneeschaufel dann nicht mehr zu beseitigen. Letzten Winter hatten wir noch einen Gemeindearbeiter mit einer Schneefräse, der ab und zu das Dorfinnere begehbar machte. Da er aber insgesamt doch nicht so

viel zu tun hatte, hat sich die Gemeinde von ihm getrennt, und nun sind wir auf uns und unsere Schneeschippen angewiesen. Das Dorf wird zwar täglich, in der Regel morgens und abends, vom Schneepflug angefahren, aber nur, um die Zugangsstraße freizuräumen. Der Pflug macht vor dem eigentlichen Dorf halt. Die Sträßchen sind viel zu eng, als dass ein Schneepflug hindurchpassen würde. Die Dorfstraßen werden jetzt im Winter von den Anwohnern nur so weit vom Schnee befreit, dass man gerade von Haus zu Haus laufen kann. In den engen Straßen türmt sich der Schnee gleich sehr hoch, und wenn dann noch der Schnee von den steilen Dächern rutscht, gibt es auch hier, wenn man nicht ständig einen kleinen Pfad freischaufelt, kein Durchkommen mehr. Die älteren Bewohner erzählen gern, dass hier früher so viel Schnee fiel, dass die Türen komplett vom Schnee blockiert waren und man durch die Fenster im ersten Stock rein- und rausklettern musste. Das habe ich hier so noch nicht erlebt, aber dennoch sind die Türen der Häuser, in denen im Winter niemand lebt, mit einem großen Blech oder einem Brett geschützt, damit der Schnee nicht eindringen kann.

Was man hier im Winter braucht, neben Schneeketten und Schneeschaufel, ist eine Schubkarre, ein kleines Raupenfahrzeug oder ein ähnliches Transportgerät. Da das Dorf bei Schnee nicht mehr mit dem Auto durchquert werden kann, parken alle vor dem Dorf, entlang der Zugangsstraße. Hier ist aber nicht genug Platz, insbesondere am Wochenende, wenn noch Ausflugsgäste da sind, sodass man oft weit entfernt parken und seine Einkäufe einen Kilometer bergauf durch den Schnee tragen muss, wenn

man denn keine Schubkarre hat. Mit einer Tasche oder einem Rucksack mag es ja noch gehen, aber die Einkäufe für 80 Personen für St. Nicolas am Samstag alle einzeln in die *Auberge* zu schleppen macht wenig Spaß.

Gerade noch rechtzeitig haben wir ein bisschen Holz gemacht. Während ich in Deutschland war, hatte Patrick gleich zwei Kettensägen kaputt gesägt, beide irreparabel, sodass wir eine neue kaufen mussten, aus Kostengründen nur eine kleine. Die ist zwar schön leicht, aber nicht richtig kraftvoll, sodass man nur relativ kleine Bäume problemlos damit fällen kann. Aber das haben wir dann schnell noch gemacht. Patrick hat zwar sieben, acht Bäumchen gefällt, entastet und zersägt, wir haben ein paar Reisigbündel gebunden, und ich habe im Schnee noch ein bisschen Tannenzapfen zum Anfeuern gesammelt. Doch auch wenn es ein ganzer Tag Arbeit war, mengenmäßig ist enttäuschend wenig dabei herausgekommen. Mindestens noch viermal so viel bräuchten wir, aber schon am darauffolgenden Tag hat es so geschneit, dass an draußen arbeiten nicht mehr zu denken war. Wir haben auch keinen richtig überdachten Platz, um das Holz vor dem Schnee zu schützen, und wir hatten die hässliche Plastikplane abends nicht mehr darübergezogen, sodass es jetzt total zugeschneit ist. Holz reinholen ist also immer tapfere Pfadfinderarbeit. Genau wie Feuer anmachen, jeden Morgen aufs Neue, fröstelnd im kalten Raum. Wenn das Feuer erst mal brennt, was mit frischem, feuchtem Holz ja nun nicht so einfach ist, dann sollte man es tunlichst nicht mehr ausgehen lassen, das heißt, man muss immer rechtzeitig Holz nachlegen und sollte sich daher nicht zu lange vom Feuer entfernen. Das muss mir zurzeit aber keiner zweimal sagen. Ich mag das eigentlich alles, Holz machen, den Geruch von frischem Holz, sogar Feuer anmachen. Ich mag eigentlich auch den Schnee. Aber irgendwie bin ich noch nicht so richtig bereit für den langen Winter. Fünf oder sechs Monate lang kann das jetzt so bleiben. Ich friere und gehe nur ungern raus. Mir geht's da so wie unseren Katzen, die, kaum sind sie draußen, schon wieder jämmerlich fiepend vor der Tür stehen und zurück an den Ofen wollen. Die Einzigen, die sich wirklich total über den Schnee freuen, sind die Kinder, die die ausdauerndsten Schneeschaufler sind und dann noch einen Schneemann nach dem anderen bauen, auf komischen Plastikflundern bis in die Nacht hinein Schlitten fahren und selbst dann nur schwer dazu zu bewegen sind, wieder reinzukommen.

Katzen im Advent

Der Adventskalender für unsere Katzen sieht jeden Morgen gleich aus. Sie warten vor bzw. hinter dem geschlossenen Fensterchen auf die Kohlmeisen, die zum Futtern angeflogen kommen. Werden wir heute eine erhaschen? Soweit es in unserer Macht steht, natürlich nicht. Aber die Katzen hoffen dennoch, dass sich das Fensterchen irgendwann auf wundersame Weise öffnet und sie einen kleinen *rôti volant,* einen fliegenden Braten, wie Patrick sagt, erhaschen können.

Wir haben ja irgendwie alle mehr oder weniger die gleichen Sehnsüchte und Bedürfnisse, wenn wir im Ausland leben. Gerade ist es der heimelige deutsche Advent, der uns fehlt. Mir fehlt der hier auch. Advent gibt's nicht, also zumindest hier im Süden gibt's ihn nicht, wie es im Rest des Landes aussieht, weiß ich nicht so genau. Hier gibt es auf jeden Fall auch keinen Adventskranz, keine selbst gebastelten Adventskalender, es backt niemand Plätzchen oder Stollen, es gibt keine sich drehende Weihnachtspyramide oder den Drang, vermehrt Kerzen anzuzünden. Als ich meinen ersten Advent und mein erstes Weihnachten auf dem Hof verbrachte, war ich ganz gespannt, wie das ablaufen würde.

Ich hatte den Kopf voller Bullerbü- und Pettersson-Bilder, Tomte Tummetott, Weihnachten im Stall und dergleichen. Ich hatte damals gerade ein paar Tage in Deutschland verbracht und war mit sieben Kilo Übergepäck wieder angereist, die Taschen voller Lebkuchen, Dominosteine, Christstollen, Marzipan, Spekulatius und mit allem, was mir so wichtig ist im Advent. Meine Schätze wurden freundlich bekuckt und schnell in den Schrank gesteckt für Weihnachten. Advent gab's nicht. Auch keine Adventssonntage mit Kerzen oder Tannenschmuck oder dergleichen. Ich erwartete, dass man wenigstens für die beiden kleinen Mädchen irgendeinen Adventszauber machen würde. Adventskalender oder Sterne basteln oder Weihnachtsplätzchen backen. Oder Wunschzettel schreiben. Gab's nicht. Nichts dergleichen. Das Plätzchenbacken habe ich dann ein paar Tage vor Weihnachten übernommen und sah mich plötzlich umlagert von knapp zehn Kindern zwischen zwei und zehn Jahren, weil das so neu und spannend war, dass alle Kinder der Nachbarschaft dazukamen. Mehlverschmiert und sehr zufrieden hatten alle Kinder Plätzchen aus dem Butterplätzchenteig ausgestochen und gebacken und dann auch gleich aufgegessen. Schöner Nachmittag, aber Advent?
Letztes Jahr gab es an einem (!) Sonntag im Dezember einen Weihnachtsmarkt in einer benachbarten Kleinstadt, da standen ein paar Menschen auf einem hässlichen Platz direkt an der Straße in Eiseskälte herum, und es gab das, was es auf Märkten immer gibt: Klamotten, Käse, mehr oder weniger selbst fabrizierte Terrinen und Soßen in hübschen Gläsern, Konfitüre, Honig, einen Biobäcker und einen Olivenstand, ein bisschen selbst gebastelten Schmuck, Salzteigdekoration und einen Pizzawagen. Aus Lautsprechern dröhnte Weihnachtsmusik, eine vierfarbige Girlande blinkte hektisch und das war's. Keine schönen Stände,

keine Lebkuchen, kein Glühwein, keine Kerzen, kein Tannengrün. Das sollte ein Weihnachtsmarkt sein? Heul!

Das Einzige, das hier in den Dörfern zeigt, dass es Vorweihnachtszeit ist, ist die Außendekoration: Jedes Dorf, wie klein auch immer, hat mindestens am Ortsein- und -ausgang eine Lichterkette mit Sternen oder *Joyeuses fêtes*-Schriftzug über die Straße gespannt, und an jedem Privathaus hängen viele blinkende Lichterketten. Je bunter und blinkender, desto schöner, scheint es. Manche haben das ganze Haus damit eingewickelt. Aber vor allem, wenn es so üppig rot blinkt, habe ich immer ganz andere Assoziationen.

Traditionell für die Provence und vermutlich für ganz Frankreich sind die *crèches,* die Krippen, die schon früh im Advent überall aufgebaut werden. Ganze Landschaften werden da auf Fenstersimsen oder in Zimmerecken oder an öffentlichen Orten gebaut, in der Regel das ländliche Schäferidyll, das es auch bei uns gibt, aber hier sind die Figuren, die *Santons* heißen, die Tiere, die Häuschen und die Bäume traditionell aus Ton geformt und dann nach provenzalischer Tradition handbemalt. Es gibt sie auch unbemalt, mir gefallen die Figuren da besser, aber typischer und viel beliebter sind die knallbunt bemalten Figuren. Es gibt in der Provence sogar den Beruf des *Santonniers,* des Krippenfigurenkunsthandwerkers. Die stereotypen und sehr bunten Figuren gibt es je nach Bedarf von winzig klein (ca. zwei Zentimeter) bis mittelgroß, und sie können ab einer gewissen Größe sogar richtig mit provenzalischen Stoffen bekleidet sein und nicht nur bemalt. Man kann seine Krippenlandschaft jedes Jahr mit unzähligen provenzalischen Accessoires erweitern: mit allen Arten von Häusern, Hütten, Werkstätten, Brunnen, Rundbögen, Brücken, Mäuerchen, Windmühlen und ebenso mit den unterschiedlichsten Personen, die in der Regel das ländliche Leben verkörpern oder Handwerksberufe darstellen. Schäfer, Hirten, Sattler, Schreiner, eine Wäscherin, eine Gänsestopferin, Musikanten, Vagabunden, Jäger ... Zur Grundausstattung einer provenzalischen Krippe gehört hier aber immer neben dem Stall für die Heilige Familie eine kleine Brücke, über die ein Schäfer mit seiner Schafherde zieht. Die Krippen werden jetzt schon liebevoll aufgebaut und alle Personen sind schon da, außer dem Jesuskind, dem *Petit Jesu,* den an Heiligabend das jüngste Kind der Familie in die Krippe legen darf.

Dieses Jahr gibt es hier im Dorf nur die Krippe in der Kirche und nicht mal das wilde blaue Geblinke der Lichterketten und den Weihnachtsbaum am Brunnen, da der Gemeindearbeiter ja nicht mehr da ist und sich keiner der Einwohner diese Arbeit aufhalsen wollte. Ist ja auch nicht wirklich nötig, so die einhellige Meinung. So bin ich hier im Dorf die Einzige, die ein bisschen Advents- und Weihnachtsdekoration innen und außen macht.

Aufgrund des frühen Schneefalls bin ich in diesem Jahr gar nicht richtig zur Außendekoration gekommen, denn alles, was ich hatte, ist zugeschneit. Mit der Innendekoration bin ich dieses Mal auch arg reduziert, nicht nur weil Patrick im Eifer des Aufräumens irgendwann den Großteil meiner seit drei Jahren mühsam aus Deutschland importierten Dekorationsartikel weggeworfen hatte, auch die vier verbleibenden kleinen Kätzchen tun ihr Bestes, um das adventliche »Verzimten«, wie das bei einer Freundin heißt, unserer *Auberge* zu verhindern. Sie sind im vergleichsweise besten Kleinkindalter und extrem neugierig. Allerdings springen sie, ganz anders als Kleinkinder, zusätzlich schon ganz schön hoch und klettern wie die Weltmeister. Nichts ist vor ihnen sicher. Denn vom Tisch aus kann man auch die halbhoch hängenden Strohsterne anspringen. Oder die Girlande mit den Winterpostkarten. Oder die glitzernden Perlenschnüre. Vier meiner Strohsterne fielen den Minitigern bereits zum Opfer, die Glöckchen, die ich aufgehängt hatte, habe ich gleich wieder abgehängt, weil sie so verlockend sind, dass die Kätzchen alles tun, um sie zu bekommen. Und ein abgerissenes Glöckchen, das nachts stundenlang hin und her geschubst wird, ist eine wahrhaft nervtötende Angelegenheit. Tannensträuße, Kerzen, Figuren, ganz egal, was ich auf den Tischen dekoriere, alles wird gnadenlos angefressen, angesprungen, angeschubst oder heruntergezerrt. Wenn nicht indem man direkt auf den Tisch springt, dann indem man sich an die Tischläufer hängt und daran schaukelt. So können auch ganze Stühle vom Tisch fallen, wenn sie denn unsinnigerweise daraufstanden. Ich bin ein bisschen frustriert, schimpfe tagsüber ununterbrochen, sage, rufe und manchmal schreie ich auch zehntausendmal: »Nein! Runter vom Tisch«, »Pepita, runter vom Tisch, hab ich gesagt«, klatsche in die Hände und puste erfolglos in kleine Öhrchen, als würde sie das beeindrucken. Die Dekoration entlang der Treppen im Flur wird insbesondere nachts erforscht, fällt dabei leider vom Sims und ich finde sie morgens am Fuße der Treppenstufen klein gefetzt oder zerbrochen. So ist es vermutlich auch, wenn man kleine Kinder hat. Also ist es dieses Jahr ein bisschen kahl bei uns, die Deko hängt knapp unter der Decke, die Vorhänge haben wir ebenso hochgebunden, und wenn Gäste kommen, versuche ich blitzschnell doch noch ein bisschen Advent zu zaubern und sperre die Vierbeiner oben ein. An einen Weihnachtsbaum denken wir gar nicht erst: ein Baum in der Wohnung, an dem Sachen baumeln ... mit vier kleinen Katzen? *Hors de question!*

Bon appétit!

Was ja schon lange überfällig ist, ist ein Beitrag über das Essen. Über das Essen mit Franzosen. Essen mit Franzosen ist toll, weil sie so gerne essen und es so offensichtlich genießen und beim Essen außerdem ununterbrochen übers Essen reden. Mir gefällt das. Bis heute finde ich das lustig, dieses schwelgerische Reden vom Essen beim Essen. Anfangs lachte ich jedes Mal laut auf, was für Irritationen sorgte. »Von was reden denn die Deutschen beim Essen?«, wurde ich gefragt. Tja ... ich weiß nicht, wovon Sie reden, bei mir war das meistbesprochene Thema beim Essen die Arbeit. Ich glaube, das passiert den Franzosen nicht. Jetzt essen wir, und dann essen wir aber auch hundertprozentig. Arbeit ist später. Genial, oder?

Essen mit Franzosen kann aber auch total nervig sein, weil sie davon überzeugt sind, dass nur sie wirklich Ahnung von guter Küche haben, demnach alles besser wissen und aus meiner Sicht ein bisschen unflexibel sind. So viele Sachen gehen einfach nicht, weil »es schon immer so war«. Das fängt schon mit einem banalen Käse- oder Schinkenbrot zum Frühstück an. Das habe ich auf dem Hof gerne gefrühstückt, man ließ mich das zwar machen, als aber die beiden kleinen Mädchen es mir nachmachen wollten, reagierten deren Mütter völlig ungehalten. *Ah, mais non!* Morgens schon etwas Salziges essen! Das gab es noch nie, und so etwas fangen wir gar nicht erst an!

Das letzte Mal, als mir der Unterschied zwischen Deutschen und Franzosen in Bezug auf Essen und Essengehen deutlich geworden ist, war, als Patrick mich vor Kurzem zum Flughafen fuhr. Zwischen Gepäckabgeben und Check-in war noch reichlich Zeit und es war außerdem Mittagszeit. Mittags, das ist wirklich ungeschriebenes Gesetz, mittags muss der Franzose richtig essen. Wenn er unterwegs ist, muss er dafür eben in ein Restaurant gehen. Und wenn er am Flughafen ist, dann muss er in das Flughafenrestaurant gehen. Einwände, dass es zu teuer sein könnte, werden da vom Tisch gefegt, weil man ja schließlich etwas Vernünftiges essen müsse. Und essen müssen wir, weil es jetzt Mittag ist. Dieses Essengehen, auch bei beengten finanziellen Verhältnissen, ist für mich typisch französisch. Auch wenn ich mit den jungen Leuten vom Hof unterwegs war, sind wir immer essen gegangen. Ich dachte und sagte jedes Mal: »Das ist doch jetzt nicht nötig, so viel Hunger hab ich gar nicht. Wir könnten doch auch nur ein Sandwich ...« Neinnein, richtig essen müssen wir, vor allem mittags. Das heißt in Frankreich: »Wir essen ein Menü«, und das heißt auch viel Zeit und Geld investieren. Und vorher einen kleinen *Apéro.* Und dann noch eine Flasche Wein. Und einen Espresso. Wobei die *Apéros,* das muss man der Ehrlichkeit halber sagen, nicht die Welt kosten, und der Preis für offenen Wein ist auch akzeptabel. Dennoch, das läppert sich. Aber beim Essengehen wird nicht gerechnet. Wichtiger als das Geld ist auch, dass man zusammen isst. Und beim Bezahlen überschlagen sich sowieso alle. Eine Ehre für den, der einlädt. So schnell kann man sein Scheckbuch gar nicht ziehen, wie man hier schon eingeladen wird. Das hat mich auch oft beschämt, weil ich noch am Rechnen war, wie viel ich jetzt auf den Tisch werfen sollte, und schon hatte irgendjemand gesagt: »Lass gut sein, ist schon bezahlt.« Mir wiederum ist das Einladen anderer anfangs schwergefallen, also finanziell. Sooo viel Geld für Essengehen ausgeben? Und ich hab doch so wenig! Ich weiß heute, dass andere auch nicht mehr Geld hatten als ich, aber für sie war es die Geste, die zählte. Diese Großzügigkeit, die Freude und die Ehre, mich einzuladen. Mir fiel das schwer. Heute bin ich da schneller, lockerer, großzügiger, auch wenn ich immer noch wenig Geld habe. Aber ich habe mich umgestellt. Und es geht erstaunlich gut. Und ich bin noch nicht verarmt. Manchmal wird der Einfachheit halber auch die Rechnung unter den Anwesenden geteilt. Kein Franzose würde jemals sagen: »Ich zahl, aber weniger, ich hab keinen Wein getrunken!«, oder pingelig genau abgezählt den Betrag auf den Tisch legen. Man kann es auch leichtsinnig nennen, wie hier mit Geld umgegangen wird, ich nenne es großzügig. Auf jeden Fall wird der Stellenwert deutlich, den Essen, Essengehen und Essen in Gesellschaft hier haben.

Genauso wie man zum Essengehen eingeladen wird, wird auch gerne nach Hause zum Essen eingeladen. *On se fait une petite bouffe?!* Das kann das zwanglose »Ach, kommt doch heute Abend vorbei« respektive »Bleibt doch da, wir kochen schnell was« sein. Oder auch das große Essen, wie es meine Schwiegermutter zelebriert, wenn wir mal, was wirklich selten vorkommt, nach Cannes kommen. Da wird rechts und links eingeladen, wenigstens die Mitglieder der Familie, derer man so kurzfristig habhaft werden kann: »Patrick und Christiane kommen!« Und dann kommen auch alle. Ganz gleich, was sie sonst so vorhatten. Und dann wird gegessen. *On met les petits plats dans les grands,* heißt es da, für ein aufwendiges, selbstverständlich mehrgängiges Essen. Eigentlich macht man dann den ganzen Abend nichts anderes als essen und trinken. Und reden. Vor allem über das Essen. Über die Qualität des Fleisches bei Metzger X und über die

Art der Zubereitung des Bratens. Da werden Rezepte abgefragt oder ausgetauscht und verglichen. Also, ich mache immer noch ein Lorbeerblatt dran. Und einen Schuss Rotweinessig. Beim letzten Mal ging es unter anderem um das Kartoffelgratin. Das wurde dieses Mal anders als sonst gemacht. Haben wir den Unterschied geschmeckt? War es besser als sonst? Wie macht ihr das Kartoffelgratin? Dann erzählen alle ihre Varianten. Ich will auch etwas beitragen und sage, dass ich immer noch frischen Knoblauch reinpresse. *Ah, non, Christjann!* Keinen Knoblauch, vor allem nicht gepresst! Ich bin verwirrt, wieso das denn nicht? Mir wird erklärt: Kartoffelgratin ist nicht Kartoffelgratin. Das Rezept, das ich meine, ist *Gratin dauphinois,* und da wird die Gratinform mit Knoblauch ausgerieben. Aber das ist im Übrigen nicht das Kartoffelgratin, von dem wir gerade sprechen und wie es hier gegessen wird. Oh, là, là. Ich sag nie mehr was zum Essen. Außer dass es natürlich supersupergut schmeckt. Superlecker, wirklich. Ganz, ganz fein. Neinneinnein, ich möchte trotzdem nichts mehr, aber es war wirklich sehr, sehr gut. Diese Überschwänglichkeit ist auch typisch französisch. Da kam ich mir am Anfang auch immer sehr trocken vor. Hier ist man erstens sehr positiv und voll des Lobes. Überschwänglichen Lobes. Das kann natürlich auch genauso heftig ins Gegenteil umschlagen: *Qu'est-ce qu'on a mal mangé!* Es ist eine Beleidigung für einen Franzosen, schlecht gegessen zu haben.

Ein richtiges Essen ist ein *repas complet,* also ein vollwertiges Essen, und das heißt hier mit Fleisch! Oder mit Fisch. Aber hier in den Bergen gibt es kaum Fisch, daher also Fleisch. Vegetarisches Essen oder gar ein vegetarisches Menü gibt es vielleicht in Paris, hier grenzt das wiederum fast an eine Beleidigung des Kochs. Was Patrick immer so unfreundlich in der Küche in seinen Bart brummelt, wenn wir mal

wieder Gäste haben, die sich überraschend als Vegetarier zu erkennen geben, verschweige ich hier besser.
Wichtig ist auch, dass es genug zu essen gibt. Ist man bei Franzosen eingeladen, steht nacheinander alles verfügbare Essen auf dem Tisch, man soll alles sehen und essen können, man soll die Wahl haben und satt werden können. Dass die Franzosen bei all der Völlerei nicht immer runder werden, liegt daran, dass sie zwar von allem essen, aber immer nur wenig, und dass sie in der Gewissheit, dass es immer mehrere Gänge gibt, sich nicht schon am Brot oder an den Häppchen des *Apéros* satt essen, und auch nicht gleich beim Entrée, und dass Sie bei aller Nötigung, doch zuzugreifen, dennoch nicht alles aufessen.
Alles aufessen tun hier in der Regel nur die Touristen, und die sind dann unglücklich, weil sie nachts Magenschmerzen haben und schlecht schlafen. Ich sage zwar immer: »Das Essen ist ein Angebot, Sie müssen das nicht alles aufessen«, aber das wird nicht recht verstanden. Das hängt natürlich auch damit zusammen, dass die Urlauber in der Regel nur ein, zwei Wochen hier sind und in der kurzen Zeit alles probieren und so viel wie möglich »mitnehmen« wollen.
Alles aufgegessen oder nicht, immer besteht Grund zur Annahme, dass man möglicherweise nicht satt geworden ist. *T'as assez mangé?*, ist daher auch eine ständig gestellte Frage. Hast du auch (wirklich) genug gegessen?

Wie gesagt, was ich oft anstrengend finde, ist, dass die Franzosen immer exakt wissen müssen, um welches Gericht es sich handelt. Und wehe, es ist abgewandelt! Siehe das Beispiel Kartoffelgratin. Neulich hatten wir einen Lothringischen Eintopf angeboten, *potée lorraine,* für die, die sich informieren wollen, und wir hatten uns beim Einkauf aufgrund der Qualität des vorgefundenen Wurstangebots für eine geräucherte Wurst entschieden, anstatt die originalgetreue Kochwurst zu nehmen. Das wurde sogleich von einem Gast reklamiert. Mann! Viel wichtiger ist doch, dass es lecker war, oder? Einmal schlage ich vor, für ein Sommerfest eine Suppe zu kochen, ähnlich den Gemüse-Fleisch-Eintöpfen, die wir im Winter oft anbieten, aber eben mit Sommergemüse. Patrick ist irritiert. Was soll das denn dann sein? Eine Fantasiesuppe? So etwas geht vielleicht für uns beide, keinesfalls aber fürs Restaurant! Es sei denn, ich finde noch ein offizielles Rezept, auf das man sich berufen kann. Was auch nicht geht, ist, an den heiligen Feiertagen etwas Banales zu machen. Etwa ein Fleischfondue an Heiligabend. Das hatte ich vorgeschlagen, denn es ist gesellig und macht niemandem viel Arbeit. *Ah non, Christjann,* unmöglich! *C'est le reveillon, quand même!* Sei es Heiligabend, Weihnachtstag oder Silvester, hier wird groß aufgefahren! Koste es, was es wolle, und ungeachtet jeden zeitlichen Aufwands. Aber das erzähle ich Ihnen dann im Weihnachtskapitel …

Schnee!!! Schnee!!!

Gestern hatte ich eigentlich schon ein Weihnachtskapitel verfasst, aber dann ist mir der Schnee noch mal dazwischengekommen. Es schneit ja wohl überall in Europa, habe ich gerade im Internet gesehen, nicht im Fernsehen, denn unsere Satellitenantenne ist so was von zugeschneit, dass wir seit zwei Tagen keinen Empfang haben. Vielleicht ist in Österreich ein bisschen mehr Schnee gefallen, zumindest ist das mein Eindruck, aber wir sind hier auch gut dabei. In den letzten vier Wintern gab es so viel Schnee auf jeden Fall nicht.
Es hatte jetzt wieder zwei Tage und Nächte am Stück geschneit. Das Schneeschippen bei dichtem Schneetreiben ist ein Kampf gegen Windmühlen, unangenehm dazu, sodass wir es irgendwann sein ließen.
Gestern spätabends hörten wir ein schweres, dumpfes Geräusch, auf das wir uns keinen Reim machen konnten. Heute Morgen sahen wir, was passiert war. Schnee war lawinenartig vom Dach eines benachbarten Hauses in das Sträßchen hinter unserer *Auberge* gerutscht und blockiert nun dasselbe. Der Schnee war so schwer, dass er zudem eine der Schneebremsen (so nenne ich mal das, was auf dem Dach den Schnee zurückhält) mit abgerissen hat. Es

sieht jetzt langsam so aus, wie immer »von früher« erzählt wird: Irgendwann werden die Anwohner aus den Fenstern des ersten Stocks rein- und rausklettern müssen.

Gestern Abend und heute Morgen hatten wir immer mal kurzzeitig Stromausfall, aber nicht komplett, wie es wohl in vielen Teilen Frankreichs vorkam. Und das Telefon geht auch noch. Ich habe aber hier die schwer mit Schnee behangenen Stromleitungen gesehen, da wundert mich gar nichts!

Heute Morgen rief der Bürgermeister telefonisch alle Männer zu Hilfe: Schnee-Einsatz! Zwar hat die Gemeinde angesichts der Schneesituation eiligst eine nagelneue Schneefräse erstanden, es gibt auch einen Freiwilligen aus dem Dorf, der sie bedient, aber allein kann ein Mann so viel Schnee

gar nicht wegfräsen, da müssen wieder mal alle schaufeln. Manch einer fuhr heute Morgen nicht zur Arbeit, zunächst einmal, weil er sein Auto gar nicht fand. Aber auch, weil die Straße blockiert war. Und bis der Schneepflug sich zu allen Dörfern auf allen Bergen hochgearbeitet hatte und bei uns ankam, war es schon Mittagszeit. Das lohnt dann auch nicht mehr. Die Kinder gingen aus demselben Grund heute zu ihrer ungeheuren Zufriedenheit nicht in die Schule und rutschen seit heute Vormittag jauchzend und schreiend auf ihren komischen Plastikschlitten den Berg hinunter und sind außer Rand und Band. Schnee!!! Schnee!!!!

Weihnachten

Letzten Samstag haben die Schulkinder der Grundschule von Guillaumes überall Weihnachtskarten verkauft. Die Kinder machen hier ganz viele solche Sachen für die Schule, und es ist auch nicht peinlich für sie, von Tür zu Tür zu laufen und die Karten anzubieten, weil es hier im Gegenzug zum guten Ton gehört, den Kindern Karten abzukaufen, selbst wenn man sie nicht verwenden sollte. Das erwirtschaftete Geld kommt der Schule zugute, oder in größeren Orten vielleicht der Klassenkasse. Aber hier gibt es überhaupt nur eine Grundschulklasse. Und dann natürlich noch die Klasse der ganz Kleinen, denn hier beginnt Schule schon ab drei Jahren. Die ganz Kleinen machen so etwas natürlich nicht, Karten verkaufen ist eine Sache der älteren Kinder, die wenigstens schon rechnen können.

Genau wie die Kinder kommen vor Weihnachten noch der Briefträger und die Feuerwehrleute mit einem Anliegen vorbei: Sie bringen den Kalender der Post bzw. der Feuerwehr. Und auch hier gehört es zum guten Ton, beides gerne anzunehmen und einen angemessenen Betrag dafür zu geben. Die beiden Kalender kosten eigentlich nichts, sie sind eine Weihnachtsgabe. Aber eine Spende wird gern genommen. Und: Zehn Euro pro Kalender sollten es schon sein. Auch wenn der Feuerwehrkalender so unansehnlich ist, dass er zumeist schnell im Ofen verbrannt wird. Wer will schon (außer vielleicht stolzen Eltern) das ganze

Jahr über die Feuerwehrtruppe vor, hinter, neben oder auf dem Einsatzwagen sehen? Der Postkalender ist da schon brauchbarer. Er hat auf den Kalenderseiten Nostalgie- oder Naturmotive anzubieten, dazu jede Menge Haushaltstipps, Kochrezepte, Sonnen- und Mondauf- bzw. -untergangszeiten, Schulferien, Stadtpläne und - sehr wichtig - alle Namenstage, sodass der Postkalender tatsächlich in allen Haushalten irgendwo zu hängen kommt. Sie können die Kalender und die obligatorische Spende natürlich auch ablehnen, aber das ist auf lange Sicht ungeschickt, an einem Ort, wo man die Feuerwehr so oft braucht, sei es zum Feuerlöschen oder auch als Notarzt. Und der Briefträger bringt Ihnen dann sicher auch nicht mehr die eiligen Medikamente aus der Apotheke mit nach oben, was er sonst immer gerne tut. Für gute Beziehungen muss man eben etwas tun. Und weder Briefträger noch Feuerwehrleute sacken das Geld für sich persönlich ein. Es wird zum Beispiel für die Weihnachtsfeiern verwendet und hier insbesondere für die Geschenke der Kinder, denn es ist üblich, dass alle Kinder der Angestellten bei diesen Feiern ein Geschenk bekommen.

Damit wären wir beim nächsten Thema: Geschenke. Hier wird man an Weihnachten mit Geschenken nur so zugeschüttet. Vor allem die Kinder. Selbst auf meinem alternativen Hof war das so. Ich war ehrlich gesagt erschüttert, an wie vielen Orten die Kinder vom Père Noël beschert wurden. Bei den Großeltern X, bei den Großeltern Y, bei Tante Z, bei Onkel XY, bei der Patentante, bei der Cousine ... und es gibt Geschenke und Gegengeschenke, je größer, desto besser. Ich weiß nicht, wie der arme Père Noël das alles alleine bewältigt. Denn hier ist es der Père Noël, der Weihnachtsmann, der sich in der Weihnachtsnacht mit all den Geschenken durch den Kamin zwängt und Pakete und

Päckchen dalässt. Es ist nett, dem Père Noël einen kleinen Imbiss hinzustellen, ein Tellerchen mit Früchten und Kuchen zur Stärkung, für all seine Schlepperei. Die Geschenke darf man dann am Weihnachtsmorgen, was bei uns dem ersten Feiertag entspricht, auspacken.
An Heiligabend, dem *réveillon,* ist in der Regel der Besuch der Christmette angesagt, und je nachdem, um wie viel Uhr die Messe ist, wird davor oder danach gegessen. Hier im Tal gibt es nur einen Pfarrer, der an solchen Feiertagen wirklich im Akkord arbeitet und dann auch einen Chauffeur hat, der ihn durch die Heilige Nacht zu seinen Einsatzorten fährt. Er wird im Laufe der Weihnachtswoche in allen kleinen Gemeinden im Tal eine Messe halten, am *réveillon* aber gibt es eine Messe am frühen Abend in Guillaumes, eine spätere in Beuil und die richtige Mitternachtsmesse im Skiort Valberg. Vor oder nach der Messe also wird gegessen. Gegessen? Geschlemmt! Ich habe gerade in Kochbüchern gestöbert, um etwas über das traditionelle Weihnachtsfest bzw. -essen der Provence zu erfahren. Ich habe Patrick und die Nachbarn gefragt, und ich habe den Eindruck, es ist genau wie in Deutschland mit der Gans, dem Karpfen oder dem Kartoffelsalat, nämlich in jeder Region und in jeder Familie ein bisschen anders, und soo genau hält sich hier auch niemand mehr an die Traditionen. Wichtig ist, dass es viel respektive sehr viel Leckeres zu essen gibt, dazu gehören fast immer *Foie gras* und Austern. Auf meinem Hof hatte Agnès tagelang vorher riesige Mengen Essen für die Weihnachtstage vorbereitet, in Küche und Keller sah es aus wie in dem Film *Babettes Fest.* An Heiligabend war es luxuriös und einfach zugleich, sprich, es wurden nicht mehrere Gänge gekochtes Essen aufgetischt, sondern es gab Häppchen mit *Foie gras,* mit Lachs und mit (falschem) Kaviar, es gab mehrere riesige Platten mit Austern, die ich da zum ersten Mal gegessen

habe, mit Crevetten und Muscheln, es gab Champagner. Und als Nachtisch gab es, traditionell für die Provence, die *13 desserts.* Ich war ehrlich gesagt enttäuscht, weil ich nimmersattes Schleckermaul mir 13 hausgemachte Dinge darunter vorstellte, ich dachte an Mousse au Chocolat, an Tiramisu, an Sorbets, an Petit Fours, an Schokoladentrüffel ... aber die *13 desserts* sind ehrlich gesagt nur eine große Auswahl an frischen, trockenen und kandierten Früchten, Mandeln und Nüssen und ein bisschen Nougat. Man kann zurzeit überall schon vorbereitete Teller oder Körbchen mit getrockneten Früchten und Nüssen kaufen, sodass man nur noch frische Früchte oder irgendwelche regionalen Spezialitäten dazulegen muss.

Denn auch die *13 desserts* variieren in der Regel nach Region oder Familie. Auf meinem Hof wurden damals alle Leckereien, die ich aus Deutschland mitgebracht hatte und die bislang schnöde im Schrank versteckt waren, mit getrockneten und frischen Früchten auf riesigen Platten dekoriert. Sodass die *13 desserts* damals unter anderem aus Marzipan, Dominosteinen, Lebkuchen und Christstollen bestanden.

Am Weihnachtstag (ich war versucht, vom ersten Feiertag zu sprechen, aber hier gibt es gar keinen zweiten!) gab's dann das große Essen. Ich erinnere mich nicht mehr an alles, weil mich der bis dahin ungewohnte Luxus des Vortags mit Austern und Champagner bis zum Abwinken viel mehr beeindruckt hatte. Jedenfalls gab es Unmengen verschiedener Sorten hausgemachter Ravioli als *Entrée,* denn Ravioli haben hier in der Gegend Tradition. Danach Ente *à l'orange,* ich weiß nicht mehr, mit welchen Beilagen, und als Nachtisch die *bûche de noël,* den traditionellen Weihnachtskuchen. Eine Biskuitrolle, die kunstvoll als Baumstamm verziert ist. Und natürlich auch hier wieder Champagner, Wein ...

Was man übrigens in der Adventszeit nicht vergessen haben sollte, ist, am Barbaratag, dem 4. Dezember, Weizen auf feuchte Watte zu legen und keimen zu lassen. Hat man das richtig gemacht, entstehen kleine Wiesenstücke, die man jetzt auf den Weihnachtstisch stellt, oder es wird auch die Krippe damit dekoriert. Und wenn der Weizen schön grün und aufrecht dasteht, umso besser, denn ein provenzalisches Sprichwort sagt: *Quand lou blad ven ben, tout va ben,* wenn es dem Weizen gut geht, ist (wird) alles gut.

Sosehr ich auch Adventsliebhaberin bin, so wenig bin ich ein Weihnachtsfeierfreak, ich bin sogar eher eine Weihnachtsanarchistin. Das hat natürlich persönliche Gründe. Aber es hat meines Erachtens auch viel damit zu tun, dass diese Jahresendfeste emotional total überfrachtet sind und völlig überbewertet werden und daher eigentlich nur zur Enttäuschung werden können. Ich schließe Silvester da mit ein. In einem der letzten Kommentare zu meinem Blog hat eine Leserin von ihrem runden und bunten Familienweihnachten geschrieben, das hörte sich wirklich schön an. So oder ähnlich würde ich es vielleicht auch gerne haben wollen. Aber so ist es ja nie. Ich habe mich also seit über zwanzig Jahren dem Familienweihnachten und dem Geschenkewahn entzogen. Waaaas? Das kann man doch aber nicht ... Doch, doch. Das kann man. In Deutschland kann man das. Allerdings gilt man dann als kalt und hartherzig und im besten Fall als ein bisschen verrückt. Aber wenn der Ruf erst ruiniert ist ... Ich habe allerdings auch keine Kinder. Dann sähe das sicher anders aus. Ich also finde, man kann an Weihnachten ganz entspannt alleine sein, wenn man sich mal von dem Klischee, dass man es bitte mit der Familie zu verbringen habe, befreit hat. Man muss sich nur trauen. Und man kann trotzdem ganz viel Weihnachten haben.

In Frankreich ist das Alleinsein an sich schon ein Problem, zu solchen Festen kommt es dann natürlich überhaupt nicht infrage. Alleine sein an Weihnachten ist geradezu unanständig. Weihnachten ist Familienfest, und wenn man keine Familie hat, wird man doch trotzdem irgendwo hinkönnen. Und tatsächlich stehen an Weihnachten alle Türen offen, und bevor jemand alleine ist, kann er doch hier mitkommen oder dort hingehen. Bei meinem ersten Weihnachten auf dem Hof wunderte ich mich, dass selbst der in ständigem Konflikt lebende Sohn, der seit Monaten nicht mehr mit der Familie sprach, an Weihnachten wie selbstverständlich und ohne Vorankündigung auf den Hof kam. Und er brachte zudem noch einen Freund mit, den bis dahin keiner kannte, aber der wäre sonst alleine gewesen. Eine Verwandte brachte aus dem gleichen Grund spontan ihre Nachbarin samt Tochter mit. Und ein entfernter Bekannter, frisch geschieden, der nicht so recht wusste, wie er mit seinen beiden Jungens Weihnachten verbringen sollte, hatte sich selbst eingeladen. Kein Problem: Herzlich willkommen und frohe Weihnachten. Weihnachten muss keiner alleine sein. Das geht auf dem Hof natürlich auch, weil da immer genug Platz ist für Überraschungsgäste, auch zum Schlafen. Da allerdings darf man, anders als beim Essen, nicht viel Luxus erwarten.

Im letzten Jahr hätte ich gern mit Patrick Weihnachten zu zweit gefeiert, für Patrick war das eine irritierende Vorstellung, zu zweit ist nämlich fast so wie alleine. Letzten Endes haben wir dann gemeinsam mit einem Freund in Guillaumes ein Weihnachtsessen für alle, die an Weihnachten alleine sind, organisiert, damit eben auch hier keiner alleine sein musste. Da kamen erstaunlich viele Menschen zusammen, es war eine bunte Mischung. Am Ende war es richtig nett und für uns beide o.k. Dieses Jahr sind wir verheiratet, ich wollte es nicht glauben, aber das mündet zwangsläufig in ein Familienweihnachtsfest. Ich wollte wenigstens dem Geschenkewahn entgehen, wir sind doch alle erwachsen. Keine Geschenke? Pardon? Meine Schwägerin versteht nicht, was ich will. Keine Geschenke? Langes Schweigen. Anscheinend ist schon der Gedanke an sich frech. Na ja, vielleicht versuche ich es nächstes Jahr noch mal. Jetzt muss ich also schnell noch Geschenke basteln und rufe und winke Ihnen daher schon heute mit dem Weihnachtsschaf Valentin aus dem dicken Schnee zu:

Joyeux Noël! Frohe Weihnachten! Egal ob, wie und wo Sie feiern, verbringen Sie ein paar gute Tage!

Hessie James oder *Der Mund stirbt zuletzt*

Diese Überschrift ist vermutlich ein lokal begrenzter Gag, der zudem nur von den vermutlich ebenso lokal begrenzten Badesalz-Kennern verstanden werden kann. Badesalz, ich weiß nicht, ob es die so noch gibt, begannen Anfang der Neunzigerjahre als hessisch-anarchisches Komikerduo, das aus der Musikgruppe »Rodgau Monotones« hervorging, und das man entweder brüllkomisch findet oder andernfalls vermutlich weder sprachlich noch in irgendeinem anderen Sinne verstehen kann.
»Hessie James« ist ein gespielter Witz, in dem der gefährliche Gegner vom vermeintlich ungefährlichen Hessie James totgelabert wird. Hessie James redet und redet und redet, bis irgendwann der gefährliche Gegner stöhnend umfällt und ihm zum Erstaunen von Hessie James Blut aus dem Ohr fließt: totgelabert. Ich sag's ja, entweder man lacht sich schlapp, oder man versteht es nicht.

Manchmal nenne ich Patrick heimlich Hessie James, denn Patrick kann noch so müde sein, er findet einfach kein Ende mit Erzählen. Spätabends sind Gäste und er gleichermaßen erschöpft, aber wenn ich ihm vorschlage, weniger engagiert aus seinem Leben zu erzählen, um ganz persönliche Lebensenergie zu sparen, schaut er fassungslos. Wie? Mit den Gästen nicht reden? Wie soll das denn gehen?
Ich finde ja auch, man kann vier erwachsene Personen mal einen Moment ohne persönliche Betreuung im Restaurant

oder auf der Terrasse sitzen lassen und stattdessen vielleicht mal ein paar Gläser spülen oder Kaffeetassen, aber Patrick kann das nicht. Kaum ist jemand da, der die verfängliche Frage stellt: »Ach, und Sie leben das ganze Jahr hier?«, oder auch nur sagt: »Schön haben Sie's hier«, geht's los.

Inzwischen weiß ich aber, dass es nicht nur Patrick ist, der gern redet, ich gehe heute so weit zu sagen, der Franzose (und hier würde ich wirklich sagen, es gibt bei aller Ähnlichkeit des Plaudercharakters hier doch große Unterschiede zwischen Mann und Frau), also, der Franzose oder, noch genauer, der Südfranzose an sich redet gern, und die kleine Auftaktfrage ist eine Einladung zu einem unter Umständen beidseitigen lang anhaltenden Geplauder. So kann das natürlich nur eine deutsche Frau sehen. Manchmal sage ich zu Patrick, dass er die Gäste doch nicht so zulabern soll, weil auch mir allmählich die Ohren abfallen und vor allem, weil ich die Geschichten ja alle auch schon kenne. Aber dann sagt er: »Die sind jetzt schon zum dritten Mal da, wenn's denen hier nicht gefallen würde, kämen sie doch nicht immer wieder, und außerdem haben die doch selber angefangen zu fragen.« Vermutlich hat er recht.

Also, der Franzose des Südens redet gern. Und zwar stets und ständig und mit allen Leuten. Über alles und nichts. Die klassische Einstiegsfloskel hier auf dem Land, um jemanden ins Gespräch zu ziehen, ist oft das Wetter, entweder ist es kalt oder heiß, oder es regnet, oder es wird gemutmaßt, dass es regnen könnte, es kann aber auch alles Mögliche sein. Eine fremde Autonummer wird unversehens zum Thema: »Wo ist denn 83?« Ein fremder Akzent: »Sie sind Schwedin?« Gut, das fällt gleichzeitig in die Kategorie Anmache, aber hier schließt das eine das andere ja nicht aus. Das, was Sie gerade eingekauft haben: Meine

Schwiegermutter hat vor Weihnachten an der Kasse ihres Tiefkühlsupermarkts mit den umstehenden Damen die Vorzüge von Hummer in irgendeiner speziellen Soße erörtert, was zwei der drei Damen dazu brachte, den fast schon erworbenen Lachs umzutauschen und ebenfalls Hummer zu kaufen. Im Ernst. Das geht natürlich auch unter Männern. »Taugen die Schneeketten wirklich was?« Gut sind auch Gesprächsfetzen, die man aufschnappt, und sei es in einem Café die Wegbeschreibung zur Toilette, wie kürzlich in Antibes selbst erlebt. Ich kam vom WC zurück und fand meinen Mann in ein intensives Gespräch mit dem Herrn vom Nebentisch vertieft. Ausgehend von besagter Wegbeschreibung zu besagtem Örtchen kamen die Herren vom Hölzchen aufs Stöckchen, und als sie dann so weit waren, sich von ihrem Militärdienst bei den Fallschirmspringern zu erzählen, sah ich den Nachmittag dahinschwinden. Am Ende wurden Adressen ausgetauscht und es wurde sich fest versprochen, sich wiederzusehen. Und es kann passieren, dass dieser Herr eines Tages wirklich hier auftaucht. Und das alles ist hier nicht etwa neugierig, aufdringlich und unhöflich, nein, es zeugt einfach vom stets offenen, freundlich-interessierten Wesen des Südfranzosen, der immer Zeit für ein Schwätzchen findet. Jeder lässt sich hier gern ins Gespräch ziehen, und ohne große Anlaufschwierigkeiten sind hier, schwups, aus wildfremden Menschen zumindest kurzfristige Freunde geworden.

Das geht, wie gesehen, quasi überall, besonders beliebt unter Männern ist aber der Tresen der kleinen Bar Tabac oder jedweder anderen Bar, wie die kleinen neonlichtbeleuchteten Etablissements hier heißen. Hier bleibt keiner allein bei seinem Wein, wie man das eventuell aus deutschen Kneipen kennt, wo drei Typen den ganzen Abend schweigend am Tresen vor ihrem Bier hängen und, außer dass sie ab und zu dem Wirt »Noch eins« zuraunen, kein Wort wechseln, mit niemandem. Und dann gehen sie irgendwann schweigend heim. Nee, hier reden alle mit allen und geben sich ständig einen aus, und entweder man kennt sich, dann ist es sowieso kein Problem, oder man kennt sich nicht, dann gibt man erst recht einen aus, schon um ins Gespräch zu kommen und um zu erfahren, wer dieser Unbekannte ist, wie war noch gleich die Autonummer? Und warum er heute hier ist und ob man zufällig gemeinsame Bekannte, sagen wir in Marseille, hat oder ob man den Militärdienst auch im scheißkalten Deutschland abgeleistet hat. Wie gesagt, wenn einem gar nichts anderes einfällt, kann man locker beim Wetter beginnen, und keiner wird Ihnen den unoriginellen Einstieg übel nehmen.

Im Winter, wie gerade jetzt, wird vorzugsweise erörtert, wann es wo mal besonders kalt war, wie viel Schnee schon gefallen ist oder wie viel mehr Schnee früher so gefallen ist. Und wo. Vom Wetter kann das (insbesondere jetzt) spielerisch zu Art, Auswahl und Qualität von Schneeketten, Winterreifen oder Skiorten wechseln. Und immer gern erzählt wird auch, wo man in welchem Ort mal besonders gut oder besonders schlecht gegessen hat. Hier wird geredet, geredet, geredet. Mich beeindruckt vor allem die Frequenz, mit der das alles immer und immer wieder erzählt wird. Das Wetter beispielsweise ist jeden Tag aufs Neue großes Thema, das mag ich in einer ländlichen Gegend wie der unseren gerade noch verstehen. Aber mich macht das manchmal fast wahnsinnig, wenn Patrick an einem Nachmittag dreimal wildfremden Menschen sein Leben erzählt, nur weil wir mal schnell noch irgendwo einen Kaffee trinken gehen mussten, weil es, brrrr ..., draußen so kalt ist.

Neulich war ich ein paar Tage in Deutschland. Da saß ich anderthalb Stunden mit drei anderen Deutschen in einem klitzekleinen Flughafenzubringerbus und keiner sagte auch nur »Guten Abend« oder »Kalt heute«. Kein Wort. Ich hab's versucht, aber auf der ganzen Fahrt wird unter vier Deutschen in einem Auto kein Wort gewechselt, und beim Aussteigen sagt keiner »Auf Wiedersehen« oder »Schönen Abend noch«. Ich war dann doch froh, als ich wieder in meinem geschwätzigen Frankreich war. Scheißkalt heute, oder?

Bonne année!

Na gut, ich hinke mit den Neujahrswünschen ein bisschen hinterher, aber ich finde, das Jahr ist immer noch ganz schön neu, und ich hoffe, Sie haben es alle gut angefangen, ganz gleich ob Sie schick auf einem großen Fest getanzt haben, ob es Käsefondue bei Freunden gab oder ob Sie es vorgezogen haben, erholsam auf dem Sofa zu dösen und das Feuerwerk schläfrig vom Balkon aus anzusehen.
Wir haben gearbeitet. Wir hatten das Haus voll mit netten Gästen und haben gebrutzelt und gezaubert. Es gab unter anderem gefüllte Täubchen und in Portwein sanft geköchelte *Terrine du Foie gras,* um Ihnen den Mund ein bisschen wässrig zu machen. Wir freuen uns immer, wenn es gelingt, dass sehr unterschiedliche und zunächst fremde Menschen, die mangels Platz alle um einen großen Tisch sitzen, sich beim Essen angeregt unterhalten und im Laufe des Abends zu einer netten Gruppe werden. Schön ist auch, dass sich alle, aber wirklich alle, Gäste wie Einheimische, um Mitternacht auf dem kleinen Dorfplatz einfinden, mit Champagner anstoßen und sich um den Hals fallen und *bonne année! bonne année!* rufen. Es gibt kein Feuerwerk weit und breit, nur die Kinder werfen ein paar Knallfrösche und dürfen so lange draußen in der Kälte rumrennen, wie sie wollen. In der Regel wandert ein unternehmungslustiges Grüppchen mit Champagner bewaffnet zu einem etwas abgelegenen Hof, um den älteren Nachbarn dort auch *bonne année* zu wünschen, und wir gehen wieder zu unseren Gästen.

Unser persönliches Neujahrsfestessen hatten wir hingegen gestern. Wir waren bei Freunden in einem Weiler unterhalb von unserem Dorf zum Essen eingeladen. Die Einladung war aus diversen Gründen schon seit Anfang Dezember mehrfach verschoben worden und musste jetzt einfach mal stattfinden. Denn danach müssen alle Eingeladenen auch noch Zeit für eine Gegeneinladung finden, die nicht allzu lang auf sich warten lassen sollte, denn so macht man das hier, und so nimmt der Winter seinen Lauf. Bei aller im Winterambiente erworbenen Autofahrerfahrung und trotz Winterausrüstung in Form von soliden Schneeketten hält sich unsere Begeisterung darüber, abends auf gefrorenem Schneematsch die Serpentinen unseres Berges runterzufahren, das Tal zu durchqueren, um an anderer Stelle wieder vereiste Serpentinen hochzufahren, relativ in Grenzen. Zumal diese Strecke in umgekehrter Richtung nachts genauso wieder zurückgefahren werden will. So ist das hier nämlich, wenn man sich besuchen will, die alpine Straßenverbindung selbst zu einem nur fünfzehn Kilometer entfernten Ort zieht sich und ist insbesondere im Winter fahrerisch anspruchsvoll bis riskant. Bei diesen Straßenverhältnissen müssten wir mindestens eine Stunde Fahrzeit für eine Strecke einplanen. Ganz abgesehen vom Risiko. Der Weiler, also eine Ansammlung einiger Häuser, liegt Luftlinie jedoch nur etwa drei Kilometer unterhalb unseres Dorfes, sodass ich vorgeschlagen habe, anstatt aufgrund der Straßenverhältnisse der Einladung fernzubleiben, wir uns doch zu Fuß durch den Schnee dorthinbegeben könnten. Ich habe das vorgeschlagen! Das muss hier klar gesagt werden. Aber ich mache solche Vorschläge gern mal fröhlich naiv, und heute würde ich sagen vollkommen realitätsfern, insbesondere was meine persönliche Kondition angeht. Aber wie gesagt, ich schlug das vor, Patrick schaute mich bewundernd an, stolz, dass er so eine sportlich-couragierte Frau an seiner Seite hat und kein verweichlichtes Mäuschen. So haben wir uns also polartauglich angezogen und sind losgestapft. Leider war es nicht sternenklar und monderleuchtet, sondern eher neblig, grau und finster, und leider haben wir auch keine *Raquettes,* also Schneeschuhe, sodass wir nur mit Stöcken und Taschenlampe (superunpraktisch übrigens, weil man Taschenlampe und Stöcke nicht gut gleichzeitig halten kann) durch den leider ziemlich hohen und verharschten Schnee nach Bantes gestiefelt, getrampelt, gekeucht, gerutscht und gelegentlich bis zum Oberschenkel eingebrochen sind. Ich versuchte der von Patrick getrampelten Spur zu folgen, aber hier bewahrheitet sich das Sprichwort, dass es nicht einfach ist, in die Fußstapfen eines anderen zu treten, denn aufgrund abweichender Beinlänge meines *traceurs* führte das zu einem anstrengenden Gehopse meinerseits. Hin, bergab, war das zwar auch schon kein Kinderspiel, aber irgendwie noch sportlich und überwiegend lustig. Zurück, gegen ein Uhr morgens und bergauf, mit viel leckerem Essen, Wein und Champagner im Bauch, da sieht der Weg schon ganz anders aus. Wieder raus aus dem behaglichen kleinen holzofengeheizten Häuschen, in dem ich schon müde vor mich hin gedöst habe, in die Kälte, brrrrr ... In Bantes schneeregnete es zudem, und das, obwohl es nur dreihundert Meter tiefer liegt. Aber das matscht den Schnee gut zusammen, und es wird rutschig. Der Schneeregen ist nachts noch ein bisschen unangenehmer und nasser, so kommt's mir zumindest vor, die Nase läuft ständig, das Kinn friert ein, beim Atmen beschlägt die Brille, die nassen Flocken setzen sich zusätzlich darauf, und das alles, wo ich doch sowieso schon nachtblind bin: Es war furchtbar! Patrick trieb mich, die ich ununterbrochen »So eine Scheißdrecksidee!!!« fluchte und »Ich kann nicht mehr« heulte, mit ermutigendem »Du schaffst das, *chérie«* und gelegentlich auch strengen Worten: »Jetzt hör auf zu heulen und lauf einfach!«, den Berg nach oben. Auf halber Strecke wurde der Regen dann wieder zu fetten Schneeflocken, und wir sind eingeschneit und verschwitzt, also innen und außen vollkommen nass, um halb drei bei uns auf dem Berg angekommen. Oh, wie liebe ich solche Einladungen! Heute bin ich, vergessen ist mein nächtliches Lamentieren, zugegebenermaßen ein bisschen stolz auf unsere sportliche Leistung und auch ein bisschen muskelkatermüde. Den Champagner hatten wir schon auf dem Weg ausgeschwitzt, sodass wir wenigstens keinen Kater haben. *Avoir une gueule de bois,* eine »Holzfresse« haben, heißt der Kater übrigens auf Französisch. Aber unsere nächste Anschaffung sind ganz klar Schneeschuhe und Stirnlampen.

Morgen ist Dreikönigstag, und in ganz Frankreich werden morgen, richtigerweise müsste man sagen: »ab morgen«, die *Galettes des Rois* gegessen. *Galettes des Rois* ist im Norden Frankreichs traditionell ein mit Mandelcreme gefüllter Blätterteigkuchen, im Süden ein runder *brioche,* sprich Hefekuchen, der mit kandierten Früchten und Hagelzucker verziert ist. Den Mandelcremekuchen gibt's hier aber auch zu kaufen, oder er wird selbst gebacken, und er ist insbesondere bei Kindern beliebt, weil er so schön knatschig süß ist. Zum gekauften Kuchen gibt's auf jeden Fall eine goldene Pappkrone, und in den Kuchen ist ursprünglich eine *»fève«,* also eine Bohne, eingebacken. Heute heißt das zwar immer noch *fève,* eingebacken ist aber eine der klitzekleinen provenzalischen Krippenfiguren, eine der *Santons.*
Die *Galettes des Rois* isst man natürlich zu mehreren. Man is(s)t ja nie allein in Frankreich und bei solchen Gelegenheiten natürlich auch nicht, entweder trifft man sich in der Familie oder im Freundeskreis, man teilt den Kuchen mit Arbeitskollegen oder mit den Nachbarn. Auf jeden Fall, wo immer ab jetzt Menschen zusammenkommen, bringt

mindestens einer einen Dreikönigskuchen mit. Der Kuchen wird dann in so viele Stücke geteilt, wie Anwesende da sind. Oft entscheidet das jüngste Kind, wer welches Kuchenstück bekommt, und dann wird der Kuchen von allen gleichzeitig gegessen. Und wer das Figürchen in seinem Kuchenstück erwischt (und sich nicht einen Zahn daran ausgebissen hat), ist der König für diesen Tag. Hurraaa!!! Er darf die Krone aufsetzen und gleich auch den nächsten Kuchen (oder auch eine Flasche Champagner) bezahlen! Und so geht das hier eigentlich den ganzen Januar durch: Jeden Tag gibt irgendwo jemand eine *Galettes des Rois* aus. So geht das bis zu Mariä Lichtmess Anfang Februar, dem *Chandeleur,* da werden dann überall *Crêpes* gebacken ...

Une pensée très profonde pour tous ces personnages hauts en couleur qui m'ont si bien inspiré et accueilli au sein de leur vie.

Ich bedanke mich bei allen Menschen, die mich beim Schreiben inspiriert haben, ganz besonders herzlich aber danke ich allen Freunden im Val d'Entraunes für ihre selbstverständliche Hilfsbereitschaft und die Warmherzigkeit, mit der sie mich und uns in ihr Leben aufgenommen haben.

Aus Verantwortung für die Umwelt hat sich der Verlag *Kiepenheuer & Witsch* zu einer nachhaltigen Buchproduktion verpflichtet. Der bewusste Umgang mit unseren Ressourcen, der Schutz unseres Klimas und der Natur gehören zu unseren obersten Unternehmenszielen.
Gemeinsam mit unseren Partnern und Lieferanten setzen wir uns für eine klimaneutrale Buchproduktion ein, die den Erwerb von Klimazertifikaten zur Kompensation des CO_2-Ausstoßes einschließt.

Weitere Informationen finden Sie unter
www.klimaneutralerverlag.de

FSC
www.fsc.org
MIX
Papier aus verantwortungsvollen Quellen
FSC® C083411

Verlag Kiepenheuer & Witsch, FSC® N001512

1. Auflage 2020

Covergestaltung: Barbara Thoben, Köln
Covermotiv: © Getty Images/fhm/Moment
Alle verwendeten Fotos stammen aus dem Privatbesitz der Autorin
Gesetzt aus der ITC Legacy Serif book
Satz Buch-Werkstatt GmbH, Bad Aibling
Druck & Bindung CPI books GmbH, Leck
ISBN 978-3-462-00063-4